Enseignement supérieur :
vers un nouveau scénario

Collection
Pratiques et enjeux pédagogiques
dirigée par Michel Develay
avec la collaboration de Philippe Meirieu

© 2000 ESF éditeur
Division de Elsevier Business Information
Issy-les-Moulineaux

ISBN 2 7101 1449 6
ISSN 1275-0212

Louise Langevin et Monik Bruneau

Enseignement supérieur: vers un nouveau scénario

E S F
éditeur

2, rue Maurice-Hartmann – 92133 Issy-les-Moulineaux cedex

L *ouise Langevin est professeur titulaire au département des sciences de l'éducation à l'Université du Québec à Montréal. Elle cumule une expérience de plusieurs années en enseignement au primaire, en orthopédagogie, au collégial et à l'université en formation des maîtres. Elle a réalisé un programme court de deuxième cycle en pédagogie de l'enseignement supérieur à l'intention des enseignants actuels et futurs.*

Ouvrages :

Les petits groupes d'apprentissage dans la classe, adaptation de Forrestal *et al. (Small Group Learning in the classroom)*, Montréal, Beauchemin, Collection Agora, 1993.

L'abandon scolaire : on ne naît pas décrocheur !, Montréal, éditions Logiques, 1994, 1999.

Apprendre et enseigner autrement, en coll. avec P. BRAZEAU, série de cinq vidéos et guide d'animation des vidéos, Montréal, Chenelière/ McGrawHill, 1995.

Pour une intégration réussie aux études postsecondaires, Montréal, éditions Logiques, 1996.

L'encadrement des étudiants à l'aube du XXIe siècle : un défi pour les universités, sous la direction de L. LANGEVIN et L.VILLENEUVE, Montréal, éditions Logiques, 1997.

M *onik Bruneau, didacticienne, est professeur titulaire à la faculté des arts de l'Université du Québec à Montréal. Elle s'occupe de la formation d'enseignants depuis 1982 et participe au programme court en pédagogie de l'enseignement supérieur en plus de donner des sessions de formation en pédagogie universitaire.*

Ouvrages :

« De la pratique artistique à la formation d'enseignants en art », en coll. avec CHAINÉ F., *Revue des Sciences de l'Éducation,* Rédactrices invitées, 1999.

Le monitorat : une initiative étudiante d'avenir, Rapport d'étude, Décanat des études de premier cycle, Montréal, UQAM, 1996.

Rapport d'évaluation du programme de tutorat au département d'Histoire de l'art, Montréal, UQAM, département de danse, 1995.

Rapport de démotivation et d'abandon des étudiants inscrits au département de danse, en coll. avec M. GRENIER, Montréal, UQAM, 1990.

Programme concentration-Danse, Commission scolaire des Laurentides, École Norbert Morin, 1990.

La parole est à la danse. Essai sur l'enseignement de la danse auprès d'enfants de cinq à douze ans, en coll. avec M. LORD, Ste-Foy, Éditions Laliberté, 1983, 154 pages.

Table des matières

....

Introduction

●●●●●●●●●●●●●●●●●●●●●●●●

▶ **La pédagogie d'hier à demain :
un scénario à réinventer**

> *Il est aussi difficile de se voir soi-même
> que de regarder en arrière sans se retourner.*
>
> Thoreau

Cet ouvrage propose une réflexion sur le rôle et les tâches qui incombent aux professeurs dans le contexte d'un changement de paradigme, d'une transformation des clientèles étudiantes et, plus généralement, d'une remise en question des missions de l'enseignement supérieur.

• *Pourquoi réfléchir à la pédagogie de l'enseignement supérieur ?*

Les motivations qui poussent un enseignant à réfléchir à sa pratique et à envisager un changement d'approche sont nombreuses. La plus importante est sans doute celle du plaisir d'enseigner, mais des impératifs plus pressants s'imposent également. Depuis les origines de l'institution universitaire, le développement de la recherche a toujours été au centre des préoccupations des professeurs qui en retiraient une grande part de leur notoriété et dont plusieurs ont longtemps déploré la trop grande place occupée par l'enseignement au détriment de la recherche. L'évaluation des professeurs, aux fins de permanence et de promotion, a toujours eu tendance à négliger le volet enseignement qui misait sur l'amélioration des stratégies pédagogiques, le développement du matériel didactique et des pratiques évaluatives, pour mettre l'accent sur la recherche. La vigueur intellectuelle, qui a toujours ainsi prévalu, était d'autant plus stimulante qu'elle a entraîné avec elle des subsides intéressants pour les chercheurs et une renommée pour l'institution. Cependant, sans remettre en doute l'apport de la recherche réalisée au sein de l'université, il faut cependant reconnaître que tout projet de recherche ne contribue pas nécessairement au développement d'une discipline, à l'élaboration de programmes de formation, pas plus qu'à mieux servir l'étudiant.

Aujourd'hui, avec la diminution des ressources financières par des gouvernements qui doivent gérer des déficits, tous les efforts des institutions d'enseignement sont orientés vers une meilleure gestion financière.

Les gestionnaires commencent à se tourner vers d'autres sources de financement et se lancent à la conquête de programmes subventionnés par différents paliers de gouvernement et par certaines fondations, quand ce n'est pas auprès de compagnies privées, égratignant dans cette lancée certains principes et un peu de la liberté académique.

Cet appauvrissement des institutions universitaires, et par conséquent des chercheurs, a entraîné une mobilisation très active des membres de la communauté. Les uns se sont lancés dans une recherche effrénée de financement prenant différentes formes, tandis que d'autres sont montés aux barricades, réclamant le respect des règles, des valeurs et des obligations de l'institution universitaire. Le vocabulaire a changé, la nature des confrontations aussi. C'est dans cette ambiance de chats échaudés qu'est apparu, peu à peu, dans la bouche des gestionnaires de nos institutions, un nouveau type de langage. On y retrouve le plus souvent les expressions : contraintes budgétaires, coupures de programmes, programmes d'aide à la recherche, coupures de services. Ces expressions sont associées le plus souvent à de nouvelles exigences au plan de l'enseignement comme l'augmentation du nombre d'étudiants en classe, la constitution de groupes hétérogènes, le développement de nouvelles technologies et la diminution des supports didactiques. Ce nouveau vocabulaire pourrait facilement être assimilé à celui des dirigeants d'institutions financières ou de tout chef d'entreprise commerciale, à cette exception près que les universités, par leur vocation même, n'ont pas pour objectif ultime le profit, mais la formation d'individus. Au-delà d'un contexte socio-économique peu réjouissant, au-delà des détériorations dans les conditions de travail, rien n'empêche d'introduire dans ses cours des approches qui vont faire de l'exercice de la profession, un bonheur renouvelé.

L'idée même de traiter de pédagogie dans l'enseignement supérieur actuellement constitue en soi un énorme défi : les professeurs ne sont plus considérés comme des sages auprès desquels il faut prendre conseil et les formations sont souvent critiquées tant pour leurs faibles rendements que pour leur anachronisme. Develay (1996) n'a-t-il pas souligné qu'un éducateur a toujours le fardeau de la preuve ? Alors pourquoi se fixer des défis comme professeur dans l'enseignement supérieur ? Pourquoi vouloir améliorer son approche de l'enseignement ? Pourquoi vouloir envisager différemment l'apprentissage de ses étudiants au risque de se heurter à leur résistance ? Pourquoi courir le risque d'être perçu comme un aventurier sans frontières ? Pourquoi un professeur questionnerait-il sa pédagogie, sachant que l'évaluation de son dossier en vue d'une permanence ou d'une promotion porte avant tout sur ses travaux de recherche, ses publications, son implication dans la gestion de programme ou de département ?

Pourquoi parler de pédagogie tout simplement ? Peut-être pour retrouver ce plaisir un peu perdu de vue d'être en contact avec des étudiants, de mettre en avant ses convictions, de prendre plaisir à être en classe, de se préoccuper du réel apprentissage d'une discipline. Peut-être aussi parce que les choses ont changé. Les étudiants d'aujourd'hui ont en moyenne 19 ans, disent spontanément ce qu'ils pensent et viennent souvent chercher à l'université une suite à l'école où le professeur donne un cours magistral et des *devoirs*. Pourquoi parler de pédagogie ? Peut-être aussi parce que beaucoup d'éléments en jeu ont changé et qu'on ne peut éviter les virages actuels. On ne peut demeurer les bras croisés devant l'avènement des nouvelles technologies, des concepts nouveaux qui émergent, du savoir qui devient accessible de plus en plus rapidement, de la masse d'informations rendues disponibles. Il faut, en tant que pédagogue, penser à mettre cette somme de savoir dans une forme accessible et penser à la meilleure façon de la rendre disponible aux étudiants.

Cette préoccupation de pédagogue oblige à faire état des théories susceptibles d'enrichir la réflexion. Des théories qui constituent de véritables phares permettant aux enseignants de pouvoir exprimer ce qu'ils ressentent et ce qu'ils vivent. Des théories si fortes qu'elles apportent un nouveau sens aux pratiques, à l'enseignement et à l'apprentissage. Des théories si riches, écrit Perrenoud (1997), qu'elles nous libèrent d'anciennes croyances et pratiques qui nous apportaient certaines satisfactions mais qui se révèlent inefficaces sur le plan de l'apprentissage. Des théories qui vont nous rendre plus créatifs, nous permettant de reprendre l'initiative en fonction de nouveaux enjeux et de nouvelles attentes, et ce, avec beaucoup plus de bonheur.

Être professeur dans l'enseignement supérieur signifie d'exercer un métier en quête permanente de savoir, un métier de confrontation et de doute (comme chercheur et pédagogue), mais aussi pour une bonne part, un métier de stratège qui mène de front trois carrières : celle de chercheur, d'enseignant et d'animateur dans son milieu professionnel. S'interroger sur la pédagogie concerne évidemment la carrière d'enseignant, soit celle qui a été longtemps négligée pour des raisons historiques et contextuelles, mais celle qui comporte autant, sinon davantage, d'exigences que les deux autres.

Cet ouvrage concerne tous ceux qui, comme nous, s'intéressent à l'enseignement comme lieu de partage, d'innovation et d'inspiration, à tous ceux qui, guidés par le doute, mais aussi par la recherche du plaisir, entendent s'investir dans la formation, résolus qu'ils sont à trouver un terrain d'entente entre leurs préoccupations de recherche et d'enseignement.

Nos propos s'adressent donc à ceux qui, comme St-Onge (1997), sont interpellés par cette question : *moi j'enseigne, mais eux apprennent-ils ?* Cette question à elle seule soulève un doute énorme quant au rapport enseignement/apprentissage dont l'équation a longtemps été considérée comme presque parfaite. Si le fait que j'enseigne n'assure pas que quelqu'un apprenne, alors se posent trois questions : Qu'est-ce qu'apprendre ? Qu'est-ce qu'enseigner ? Comment donner un enseignement vraiment *supérieur* ?

• *Plan de l'ouvrage*

Le chapitre 1 porte sur le changement de paradigme issu des recherches récentes et sur les implications que ce changement entraîne au plan des croyances et des pratiques.

L'étudiant, présenté au chapitre 2, révèle quelques-uns de ses multiples visages. Il se cherche, il se partage entre travail, famille et études, il exprime des besoins et éprouve des problèmes. C'est à cet étudiant, qui ne sait quel rôle adopter sur la scène scolaire, que le professeur doit offrir un accompagnement.

Au chapitre 3, on s'est attardé à la mise en scène de l'enseignement, tant celle de la forme que du fond, tant celle de la communication non verbale que du discours verbal et didactique. Certaines « ruses pédagogiques » sont particulièrement explorées et des accessoires de la mise en scène sont examinés. Enfin, le groupe est évoqué comme ressource naturelle de la classe pour l'émergence d'une communauté d'apprentissage.

Le scénario pour un enseignement stratégique, élaboré au chapitre 4, vise à aller plus avant dans la concrétisation des principes inhérents à un enseignement centré sur l'étudiant et sur l'apprentissage. L'encadrement des étudiants est envisagé comme une entité naturelle d'une approche centrée sur l'apprentissage où le professeur accompagne l'étudiant dans sa démarche. Enfin, la question du *feedback* des étudiants au professeur est soulevée dans cette même perspective de l'importance accordée à ceux-là mêmes dont la présence assure la survie de l'université.

En somme, puisque nous avons voulu que notre ouvrage devienne à la fois un outil de réflexion et un référent pour des actions, nous avons réservé une bonne part à l'un et à l'autre.

1
L'enseignement supérieur en mutation

• •

▶ **Apprendre : la conquête d'Ulysse ou l'attente de la Belle au bois dormant ?**

Il importe pour tout enseignan qui cherche à bien comprendre son rôle de professionnel de l'enseignement, de faire un retour sur ses propres représentations de l'apprentissage et de l'enseignement. Cela constitue un détour incontournable, car la perception que l'enseignant a de son rôle et de son style s'appuie sur des pratiques et des expériences passées, sur un système de valeurs et une affectivité qui forment un tout et qui le guident dans ses choix et ses pratiques professionnelles.

Apprendre, serait-ce l'odyssée qui entraîne Ulysse au gré des courants, au hasard des rencontres, à défendre sa loi, ses droits, sa patrie, son identité ? Apprendre, serait-ce encore la rencontre des « dieux » qui lui offrent des paradis de savoirs en échange de sa liberté ? Apprendre, serait-ce l'obéissance à une autorité, à un modèle, à un maître charismatique qui nous envoûte au point de nous insuffler la vie, le sens, la connaissance, un peu comme ce baiser si attendu de la Belle au bois dormant ? C'est un peu tout ça, sommes-nous tentés de dire : c'est à la fois une ouverture vers l'autre, un défi, un combat, une attente, un plaisir, un voyage guidé.

Parmi ces éléments, certains nous séduisent davantage et nous mobilisent d'une façon particulière dans nos rapports avec nos étudiants. Certains autres nous inspirent et nous guident dans notre façon de concevoir nos cours, d'évaluer les apprentissages. C'est en puisant à ces mêmes éléments que l'on pourra retrouver dans nos classes, dans notre département et dans notre institution, ce que l'on qualifiera de culture spécifique. Répondre à la question « qu'est-ce qu'apprendre ? », c'est tenter de découvrir notre culture d'appartenance pour être éventuellement en mesure d'en saisir les enjeux. Cet exercice nous amènera donc à étudier de plus près trois grands courants éducatifs qui ont marqué l'éducation, soient le courant behavioriste, le courant constructiviste et le courant cognitiviste.

• *Apprendre est un processus d'approximation*

Les behavioristes voient le processus d'apprentissage comme une suite d'approximations successives vers l'objectif à atteindre. Cette conception de l'apprentissage relève des sciences du comportement et suppose une intervention directe de l'enseignant ou du programme (par ordinateur) auquel est relié l'étudiant. Cette intervention directe nécessite la présence de comportements observables, témoignant du passage effectué d'un niveau de maîtrise à l'autre. Le comportement observable devient, dans ce contexte, un facteur déterminant pour assurer une évaluation plus objective. On s'intéresse ici davantage au produit qu'au processus. Le souci d'objectivité, au regard de l'évaluation des apprentissages et de l'uniformité des programmes d'étude, a donné lieu à l'élaboration de typologies d'objectifs : la taxonomie élaborée par Bloom (1946) pour les objectifs cognitifs, celle de Krathwool et Bloom (1976) pour les objectifs affectifs et celle de Harrow (1972) pour les objectifs psychomoteurs.

Le courant behavioriste a séduit le milieu éducatif en proposant une organisation systématique et graduée de la formation. On y trouve un cadre d'intervention plus sécurisant, même s'il y a un risque de fonctionnariser la tâche de l'enseignant. Encore aujourd'hui, beaucoup d'enseignants s'inspirent de ce courant en accordant aux programmes par objectifs la propriété essentielle de préciser ce qui doit être enseigné. Dans la perspective behavioriste, enseigner consiste donc à transmettre un savoir et faire ainsi progresser l'étudiant vers l'objectif visé.

• *Apprendre, c'est passer d'une représentation à une autre*

C'est à partir des théories et expérimentations de Piaget que s'est modelé le courant socioconstructiviste. Les constructivistes, dont Develay (1991), posent comme hypothèse de départ qu'apprendre c'est passer d'une représentation à l'autre. Astolfi (1992 ; 1995), pour sa part, a décrit les fondements de la culture constructiviste en s'appuyant sur les concepts de représentation et de rupture. Ce serait, ainsi qu'il le démontre, abandonner une représentation pour en adopter une autre plus prometteuse. Ceux qui adhèrent à ce courant considèrent la connaissance comme un phénomène de construction d'un objet que l'étudiant assimile dans un contexte d'interaction sociale. La connaissance ne se transmettrait donc pas d'une personne à l'autre par le seul processus de la communication verbale. Autrement dit, ce n'est pas parce que l'enseignant expose ce qu'il sait que l'étudiant devient automatiquement quelqu'un (qui en sait un peu plus) qui apprend.

Carl Rogers (1968) rappelait avec justesse dans les années soixante, que la connaissance est une expérience subjective d'apprentissage qui s'exerce dans un contexte interindividuel, culturel et institutionnel. L'auteur russe Vygotsky (1985), longtemps resté dans l'ombre, considérait que l'apprentissage nécessite une médiation de la part de l'adulte ou d'un pair. Il privilégiait le langage écrit et l'organisation schématique des concepts scientifiques. L'école devient ici le lieu d'apprentissage par excellence qui offre, par le biais de diverses médiations, la confrontation nécessaire pour pouvoir « mesurer » ses connaissances. Le pôle majeur de développement de l'apprenant se situerait au point de jonction entre la résolution de problèmes complexes, rendue possible grâce au soutien du professeur, et celle que peut réaliser l'étudiant par lui-même.

Le courant constructiviste est intéressant en soi parce qu'il est de nature à mobiliser les enseignants et les chercheurs en éducation autour d'une redéfinition de l'apprentissage. Develay (1991) et d'autres auteurs avec lui, comme Barth (1993), Astolfi (1992) et Meirieu (1995), estiment que l'apprentissage réel et durable ne peut se construire sur du vide, mais à partir de connaissances, de valeurs et d'attitudes qui sont déjà bien ancrées dans l'esprit de celui qui apprend. Ce sont ces connaissances, ces attitudes, ces représentations qui favorisent l'apprentissage ou qui lui font obstacle. Selon Joshua, cité par Astolfi (1992, p. 128), « la connaissance s'organise selon un processus de mise en ordre du réel. Ce qui compte avant tout, ce sont moins les connaissances elles-mêmes que la méthode dite scientifique ». L'information transmise en classe, même selon la méthode la plus éprouvée, ne se transformerait donc pas d'emblée en apprentissage pour l'étudiant.

Contrairement aux behavioristes, on porte ici une attention toute particulière au processus d'apprentissage. Les erreurs sont isolées et disséquées comme autant d'indices pour retracer à la fois les difficultés vécues par l'étudiant et les démarches cognitives qui ont été mobilisées pour résoudre une tâche donnée. « Vos erreurs nous intéressent », précise Astolfi (1997). L'apprentissage n'est pas un geste automatique, mais réfléchi. L'acquisition d'une autonomie cognitive et intellectuelle se fait au prix des efforts consentis tant par l'enseignant que par l'étudiant.

Dans cette optique, l'étudiant est à la fois auteur de sa cognition et partenaire de l'enseignant. L'enseignant n'est plus arbitre et chasseur d'erreurs, mais médiateur de l'apprentissage. S'il anticipe les obstacles, ce n'est pas pour aider l'étudiant à les éviter ou à les contourner, mais pour en faire de véritables objectifs d'apprentissage. L'apprentissage qui atteint son but, entraîne donc une certaine confrontation avec l'inconnu. Apprendre, évoque Develay, « conduit à sortir du connu pour oser affronter l'inconnu » (p. 128). L'étudiant est amené à se questionner sur la matière qui lui est enseignée, sur le contenu, sur la démarche, et on lui demande de chercher le sens, le pourquoi de l'opération ou de l'erreur, sans lui dicter la bonne réponse.

L'étudiant se trouve en rupture par rapport à une certaine représentation du contenu et de la relation enseignement/apprentissage.

Cette conception de l'apprentissage a donné lieu à l'élaboration de programmes par compétences. On pressentait que le cumul de connaissances ne pourrait être significatif, si on était incapable d'en démontrer l'utilité. À cet égard, Rey (1996) et Perrenoud (1997a) font état de deux types d'utilités. La première, d'ordre général, tient compte de l'incidence des compétences transversales dans la formation de l'étudiant. La seconde, d'ordre spécifique, est utile au regard des exigences de la discipline enseignée.

• *Apprendre, c'est traiter de l'information*

Le courant cognitiviste s'inscrit dans le paradigme constructiviste et rallie tous ceux qui s'interrogent sur la structuration et l'organisation des connaissances. Ses promoteurs accordent une attention toute spéciale aux particularités de l'apprenant, aux spécificités du processus de construction du savoir et au contexte favorisant l'apprentissage et le transfert de connaissances. Il existerait des dispositifs pédagogiques qui favorisent le développement d'habiletés cognitives et métacognitives. Ces habiletés seraient nécessaires au transfert des connaissances et des compétences. Ce courant a pour base les travaux effectués en psychologie cognitive et dans le domaine de l'intelligence artificielle, notamment sur la mémoire.

L'intelligence est considérée comme une entité évolutive et la mémoire comme un système complexe de traitement de l'information. Ainsi, on revisite la mémoire en ne la considérant plus comme une capacité de rétention des informations, capacité qui serait innée chez l'enfant, mais comme un centre de traitement d'informations à deux niveaux, soit celui de la mémoire de travail et celui de la mémoire à long terme (Tardif, 1992). Astolfi (1997, p. 84) affirme, d'ailleurs, que la mémoire devient un système actif et se retrouve au cœur des apprentissages« intelligents ».

La mémoire de travail

La mémoire de travail se caractérise par sa capacité très limitée de captation (à peine quelques secondes) de l'information. C'est grâce à cette mémoire que l'on retient, par exemple, une phrase du discours de l'enseignant et qu'on peut la retranscrire sur papier, ou que l'on peut saisir au vol le numéro de la salle où se donne une conférence. Cependant, il suffit qu'un autre bruit ou qu'une autre parole survienne, pour que les premières informations soient interférées et que l'on oublie ce que l'on avait mémorisé. La mémoire de travail est sensible aux interférences. Malgré la fragilité de cette mémoire, l'information peut y être conservée plus longtemps, grâce à des systèmes de mémorisation (mnémoniques) développés fort habilement par certains étudiants.

La mémoire à long terme

C'est le disque dur de l'ordinateur. Elle détient une très grande capacité de rétention des informations qui, ainsi emmagasinées, peuvent être réutilisées dans la mesure où nous disposons d'une référence nous permettant d'y avoir accès. À titre d'exemple, pensons à la quantité d'événements qui composent notre vie et qui se sont accumulés dans notre mémoire sans perdre de leur acuité. Il existe pourtant d'autres informations, par exemple une année entière de fréquentation scolaire, qui peuvent être enfouies dans notre mémoire, sans que nous puissions en retrouver la trace, faute de références précises. C'est ce que Meirieu (1995) a si justement appelé les connaissances *mortes*. Celles-ci constituent un amalgame d'informations qui, mises en mémoire sans ordre, restent inertes, faute d'un circuit permettant d'y accéder. La pensée cognitiviste soutient donc que les informations, pour être mises en mémoire à long terme, doivent trouver un chemin d'entrée (un point d'ancrage) et qu'il importe d'organiser ces informations pour éviter une surcharge cognitive. Cette situation peut être comparée à quelqu'un qui recherche un bouton parmi différents objets, dans une pièce en désordre. il ne pourra l'y retrouver que si chaque chose est bien à sa place et qu'une boîte est réservée aux boutons.

Par analogie, on peut comprendre qu'une liste de formules statistiques, de dates et de faits est difficile à retenir à long terme, si on ne parvient pas à organiser ces informations autour d'un ou de quelques concepts intégrateurs (Develay, 1991). Le temps, l'exclusion, le romantisme, le pouvoir, l'évolution, l'expressivité, les représentations sont de bons exemples de concepts intégrateurs. Ce concept sert donc à réunir un ensemble de faits et de notions. Un concept peut migrer d'une discipline à l'autre, ce qui peut permettre ainsi d'en préciser la spécificité disciplinaire. On peut ensuite, lorsqu'on aborde un de ces concepts en classe, y associer les notions, les théories de référence, les auteurs, les événements clés. Ainsi se construit un réseau de significations durables, accessibles en mémoire. Pour reprendre une expression populaire, nous travaillons à « faire des têtes bien faites, plutôt que des têtes bien pleines ».

• *Le transfert des apprentissages*

Pour les cognitivistes, apprendre suppose le développement d'habiletés cognitives et métacognitives. Il s'agit de connaissances particulières auxquelles l'étudiant doit pouvoir se référer pour solutionner des tâches complexes ou transférer ses apprentissages à une gamme plus étendue de situations. On vise ici l'excellence et l'autonomie de l'étudiant qui accroît ses possibilités en recevant l'entraînement adéquat. Le transfert d'un apprentissage réfère, pour reprendre les termes de Tardif (1999), « au mécanisme cognitif qui consiste à utiliser dans une tâche cible une connaissance construite ou une compétence développée dans une tâche source (p. 59). Il s'agit donc d'une recontextualisation, c'est-à-dire « qu'une connaissance, acquise dans un contexte particulier, peut être reprise d'une façon judicieuse et fonctionnelle dans un nouveau contexte » (Tardif et Meirieu ; 1996, p. 4). Apprendre devient une mobilisation des connaissances en vue de résoudre un problème donné, d'où l'apport substantiel de la démarche de résolution de problèmes. Cette démarche exige, pour être efficace, la contribution de trois types de connaissances. En premier lieu, les connaissances déclaratives, qui répondent à la question : quoi savoir ? Ce peut être des faits, des théories, des règles, des formules, des dates. Les deuxièmes, les connaissances procédurales qui répondent à la question : comment faire ? C'est-à-dire quelle démarche, quelle procédure faut-il utiliser pour résoudre cette tâche ? Enfin, les connaissances conditionnelles qui répondent à la question : quand est-il approprié de recourir à tel contenu ou à telle démarche ?

On reconnaît ici que l'habileté de transfert ne s'effectue pas selon les lois du hasard ou selon la bonne volonté de l'étudiant. Des auteurs comme Tardif (1992), Astolfi (1992), Bireaud (1990), Rey (1996), Tagg et Barr (1995) s'entendent pour dire que l'apprentissage et le transfert d'apprentissages ne reposent plus uniquement sur les épaules de l'étudiant et sur sa volonté d'apprendre. Le transfert serait davantage relié à la capacité de l'enseignant d'organiser le contenu d'un cours autour de principes directeurs et significatifs, en vue d'amener l'étudiant à accomplir une tâche ou à résoudre un problème complexe de façon satisfaisante. Le transfert obéirait aux lois de l'entraînement conçu par l'enseignant devenu stratège et entraîneur. À cet égard, Meirieu (1995) affirme que le transfert devient un « principe régulateur » des pratiques pédagogiques, dans la mesure où le transfert pose « la question des moyens ». En fait, il faut que des savoirs soient intégrés par des enseignants et contribuent au développement individuel et collectif » (p. 202).

L'enseignant devient stratège et entraîneur et il se mobilise dans un « enseignement stratégique » que Tardif et Meirieu (1996) divisent sommairement, en trois phases : la contextualisation, la décontextualisation et la recontextualisation. La phase de contextualisation tient compte des connaissances antérieures et des représentations des étudiants afin d'identifier les obstacles cognitifs qui peuvent se présenter. La phase de décontextualisation a pour but de favoriser le traitement et l'organisation des connaissances dans la mémoire de l'étudiant. La phase de recontextualisation vise à susciter l'intégration et le transfert des apprentissages par la résolution de problèmes et de tâches complexes. Toutes ces phases impliquent pour l'enseignant des questions d'ordre pédagogique, évaluatives et d'encadrement.

L'étudiant devient un acteur de premier plan dans son apprentissage, un acteur, précise Astolfi (1992), qui se dispose à transformer les informations en connaissances, puis les connaissances en savoirs. On retrouve ici, comme chez les constructivistes, la nécessité d'un encadrement individualisé et différencié (Perrenoud, 1999), celle de l'évaluation formatrice des apprentissages et, enfin, celle d'une mobilisation vers des stratégies d'apprentissage interactives.

« Qu'est-ce qu'apprendre ? ». Répondre à cette question impose, comme on a pu le constater, un détour par différentes conceptions de l'apprentissage. Si on n'apprend pas sur du vide, comme l'affirment les constructivistes et les cognitivistes, il semble bien qu'on n'enseigne pas sans conception préalable de l'apprentissage et de la formation de niveau universitaire. Cela nous amène donc à poser la question qui en découle. *Qu'est-ce qu'enseigner à l'université ?*

• *Nos manières d'enseigner prennent l'eau...*

C'est en ces termes que s'exprimait la rectrice de l'Université du Québec à Montréal, madame Paule Leduc (1996), pour inciter les professeurs à modifier leurs pédagogies, estimant qu'un virage était nécessaire dans ce domaine si on voulait assurer la réussite et la persévérance des étudiants à l'université. L'environnement du milieu universitaire s'est modifié grandement au cours des dernières années : les exigences professionnelles sans cesse croissantes, l'évolution rapide des connaissances, le climat social et culturel, les compressions budgétaires, la mutation des populations étudiantes.

D'une part, notre environnement se modifie, avec l'arrivée de nouveaux programmes par compétences. Ces derniers proposent une vision intégrée de la formation, axée sur la polyvalence et le transfert des apprentissages, et de plus, ils offrent une alternative à la formation traditionnelle. D'autre part, l'évolution des savoirs est telle qu'un étudiant pourrait être « dépassé » avant même d'obtenir son diplôme tant les connaissances évoluent rapidement (Perrenoud, 1995). C'est donc dire que nos programmes de formation et le contenu de nos cours ne pourront résister encore longtemps à l'avènement de nouvelles approches d'enseignement. Nous devrons très bientôt tenir compte de l'arrivée de nouvelles générations d'étudiants composant déjà avec les nouvelles technologies de l'information. Altet (1994) nous rappelle que si l'enseignement axé sur la transmission de savoirs a pu suffire à un auditoire homogène qui avait les éléments de base pour comprendre et suivre la logique d'un professeur, il n'en va pas de même pour un auditoire hétérogène. C'est pourtant la situation que l'on vit actuellement dans nos salles de cours, où se retrouvent des étudiants d'horizons divers, possédant des motivations, des champs d'intérêt et des acquis scolaires, sociaux et culturels différents.

Selon Romainville (*in* Frenay *et al.*, 1998), la clientèle universitaire présente un caractère de plus en plus hétérogène, tant par ses acquis scolaires et disciplinaires que par ses acquis culturels. Bertrand *et al.*(1998) estiment que les changements observés, tant au niveau de la clientèle que de l'environnement, obligent nos institutions universitaires à repenser leur mission de formation. De fait, au lieu de former une élite comme cela se faisait par le passé, on s'oriente maintenant de plus en plus, précise Berendt (1994), vers une formation de type professionnel, susceptible de répondre aux besoins du marché de l'emploi ; une idée qui ne fait pas consensus.

Que l'on soit ou non d'accord avec cette vision du changement, le quotidien est là pour rappeler aux professeurs que leur enseignement ne produit plus les mêmes effets que par le passé et la clientèle étudiante ne présente plus les mêmes paramètres. Un constat s'impose : c'est que les préoccupations, les tâches et le métier de professeur évoluent et il faut que ce dernier soit en mesure de s'adapter à ces mutations. Il semble qu'une part importante d'étudiants voient l'université comme le lieu ultime du développement de la connaissance (Langevin et Bruneau, 1999). D'autres ont une vision plus « pratique » et plus utilitaire du rôle de l'université et souhaitent que l'on fasse une plus grande place à la formation pratique au détriment de la théorie et du développement des habiletés intellectuelles. Les étudiants d'aujourd'hui éprouvent de grandes difficultés à faire l'intégration de ce qu'ils ont appris. Ils sont le plus souvent incapables de faire des liens entre la théorie et la pratique, ou entre un cours et un autre. Au même moment, les professeurs manifestent le désir d'avoir devant eux des étudiants plus autonomes, plus responsables de leurs choix, plus engagés et plus motivés par leurs études.

Plusieurs études confirment par ailleurs (Bruneau, 1996 ; Langevin et Bruneau, 1999) que la clientèle universitaire est plus jeune, moins motivée, moins disponible et peu attirée par le développement intellectuel. Les débats d'idées, le bouillonnement intellectuel, les démarches de travail innovatrices et participatives les intéressent moins que les résultats : c'est ce qu'on appelle couramment des *consommateurs de cours*. Ils se placent en position d'auditeur, et la passivité les conforte dans leur statut d'étudiant. Dans les cours, les positions de chacun sont claires : l'un enseigne, l'autre apprend. Il existe cependant une autre catégorie d'étudiants dits *nomades*, qui se révèlent tant par le caractère fragile de leur profil académique que par leur motivation. Ils voyagent d'un programme à l'autre. Leur entrée à l'université s'est réalisée comme la suite logique d'un parcours déjà amorcé. Ils sont arrivés à l'université sans en connaître les règles, ni les codes, et n'ont reçu aucune référence de la part de leur entourage. Ils se sentent perdus, incompétents, décalés. Faute d'un encadrement individualisé, ces étudiants au potentiel tout de même intéressant se découragent et abandonnent.

Malgré le discours, parfois méprisant, que certains tiennent à l'égard de la pédagogie, il existera toujours des étudiants qui auront besoin d'une présence pour apprendre et réussir. Nos étudiants ont besoin de l'humain, de ce qu'il porte d'espoir, d'humanité, pour s'investir dans un projet. C'est ce qui peut donner du sens à l'apprentissage, à la formation et les amener à compléter leurs études.

Les détracteurs d'une pédagogie adaptée soutiennent que nos institutions universitaires, bien avant l'arrivée de stratégies pédagogiques sophistiquées, ont permis la formation de juristes, de médecins, d'enseignants, de psychologues, d'ingénieurs dont la compétence est actuellement reconnue. Et ils ont raison de le souligner. Par ailleurs, il leur faudra bien admettre que la population étudiante d'alors était beaucoup plus homogène que celle d'aujourd'hui et tenait la formation universitaire en plus haute estime, peut-être à cause de sa rareté qui en faisait un bien précieux, peut-être parce qu'ils avaient hérité de leurs parents un respect pour cette institution de haut savoir ? Ce n'est plus le cas aujourd'hui. Non seulement l'université n'est plus un privilège réservé à une certaine élite, mais devient parfois un refuge des exclus du milieu du travail ou de la rue. Pour beaucoup d'étudiants, l'université demeure une autre école, en continuité avec celle qui la précédait, sans plus. La formation universitaire n'apporte ni l'estime sociale d'antan, ni la garantie d'une insertion sociale, ni l'emploi intéressant et sécurisant financièrement que la majorité des étudiants recherchent en bout de piste.

Une telle situation modifie le projet social qui se définit à l'intérieur de l'université et qui façonne le rapport enseignant/étudiants. D'où la nécessité, pour nous universitaires, de se positionner comme formateurs et de questionner, pour y parvenir, nos référents idéologiques et théoriques, bref, de préciser à quel paradigme on se réfère.

• *Adopter un paradigme, c'est vivre son rôle d'enseignant d'une certaine manière*

Un paradigme : un outil pour le chercheur, une langue de bois pour l'enseignant ?

Le terme de paradigme, introduit par Kuhn (1968), décrit « l'ensemble des croyances, des valeurs reconnues et des techniques qui sont communes aux membres d'un groupe donné » (Bertrand et Valois, 1980)[1]. Un paradigme est utile pour savoir où l'on va, pourquoi on y va, et comment faire pour y arriver.

Le concept de paradigme demeure un outil d'expression utilisé autour de pratiques scientifiques ou sociales par une collectivité, pour circonscrire

---

1. Bertrand Y. et Valois (1980), *Les options en éducation*, ministère de l'Éducation du Québec, p. 44-64.

les limites de ses actions en s'associant à une idéologie, à une éthique ou à des pratiques communes. Ainsi, un chercheur définit ses attentes et sa méthodologie au regard d'un paradigme de recherche qualitative ou quantitative. Plusieurs milieux professionnels utilisent ce concept pour former leurs intervenants, conscients que pour faire évoluer les pratiques, il faut partir de la base, soit des valeurs et de la logique qui guident nos actions. Le paradigme propose pour l'enseignant une vision éducative, de la même façon qu'une vision de la recherche et de son rôle est utile au chercheur. Or, transposé à la pédagogie, le mot paradigme devient de la langue de bois. Le terme rebute, provoque de la résistance, voire du déni, de l'ironie ou du sarcasme. Dans la bouche des pédagogues, le terme paradigme est discrédité. Paquette (1996) soulignait que les intellectuels ne sont pas bienvenus dans le réseau scolaire, signalant le mépris dirigé vers tout ce qui est de l'ordre des principes, des idées, des concepts et des théories. On se méfie des intellectuels.

À l'université, ce genre de réaction existe également, tout particulièrement à l'égard du pédagogique. Les principes, les idées, les théories ou les concepts apportés par les pédagogues et par les chercheurs en pédagogie provoquent une réserve spontanée, une pointe d'ironie ou tout simplement du mépris. On maintient ainsi, dans la même position d'offensive, la théorie et la pratique. Pourtant, que fait le chercheur en pédagogie, si ce n'est d'aller sur le terrain de la pratique ? Il cherche à comprendre ce qui se passe, à analyser, à isoler des événements significatifs. Il peut par la suite décrire les caractéristiques et les regrouper de manière à élaborer des principes d'actions, des concepts, des théories qui vont permettre aux enseignants de s'approprier, voire de reconquérir leurs savoirs souvent implicites, en les nommant et en les départageant. « Un intellectuel, un théoricien ou un idéologue ne font pas véritablement leur métier quand ils méprisent les praticiens » affirme avec justesse Paquette (1996, p. 11). Que penserait-on d'un médecin qui méprise les chercheurs en médecine ? Pourtant il y a beaucoup de professeurs qui méprisent la pédagogie et les chercheurs en pédagogie.

« Il n'y a rien de plus pratique qu'une bonne théorie » affirmait Lewin (1938), sans réussir toutefois à convaincre un nombre suffisant d'enseignants, de formateurs, de professeurs d'université. Le fardeau de la preuve demeure et s'adresse tout particulièrement aux pédagogues, rappelait Develay (1996). La croyance populaire présente encore l'enseignement comme un savoir inné, qui émerge d'un savoir disciplinaire ou de la personnalité d'un individu. On apprend à soigner, à composer, à cuisiner, à animer, à gérer une entreprise et pourtant, il ne semble pas utile d'apprendre à enseigner à l'université. Tout se passe comme si l'action (enseigner) se faisait toute seule, isolée de toute attache, sans ancrage à des valeurs, à des théories, à des outils, à une éthique.

L'université n'est-elle pas le lieu privilégié pour développer des habiletés intellectuelles ? N'est-ce pas là que l'on devrait apprendre à conceptualiser, à analyser, à développer l'analyse critique sur les contenus, sur la pratique ? Comment alors concilier ce mépris pour la théorisation, pour la pédagogie et sa fonction de formateur ? Comment expliquer ce dénigrement de la pédagogie et des pédagogues qui proposent des théories, des concepts comme outils de réflexion et de travail ?

Doit-on qualifier d'hermétisme l'utilisation de concepts en classe ? Est-ce que la banalisation, les expressions vagues auraient meilleure presse ? Il n'est pas rare d'entendre, même à l'université, que pour simplifier la matière, pour concrétiser le contenu, il faut éviter les concepts, les théories, les termes compliqués qui rebutent les étudiants. Le discours professoral en classe est porteur d'ambivalences et de paradoxes, soulignait justement Perrenoud (1991), car ce discours s'inscrit dans une culture disciplinaire qui maintient plus ou moins implicitement une tension entre la théorie et la pratique et qui réfère à une vision éducative.

Nos pratiques (planifier, enseigner, encadrer, évaluer) s'appuient sur une vision éducative qui détermine notre style d'enseignement, nos rapports avec l'étudiant et avec la discipline enseignée (histoire, biologie, pédagogie…). Selon le caractère particulier ou dominant de cet échafaudage de pratiques, on dira qu'un enseignant est davantage guidé par des questions d'enseignement et s'inscrit dans un paradigme enseignement ou que ces actions relèvent de préoccupations d'apprentissage et réfèrent au paradigme apprentissage. Changer de paradigme équivaut à un changement d'attitude, à une nouvelle façon d'aborder la fonction de professeur et de concevoir le rapport existant dans la relation enseignement/ apprentissage (Tagg et Barr, 1996).

Changer de paradigme ne signifie donc pas maquiller des pratiques pour les rendre plus « à la mode » mais vivre sa tâche de professeur d'une manière particulière. Ainsi, ce n'est pas parce que nous donnons un exposé magistral que nous nous trouvons dans un paradigme *enseignement*, pas plus que nous nous retrouvons dans un paradigme *apprentissage* parce que nous faisons travailler les étudiants en équipe. On n'oscille pas d'un paradigme à l'autre, mais on adhère à la culture de l'un ou de l'autre parce qu'on y trouve des fondements qui donnent du sens à sa pratique et à son cadre d'intervention. En somme, adopter un paradigme c'est développer une identité professionnelle spécifique et cohérente à une culture pédagogique définie. Ce changement de posture se traduit au quotidien par des stratégies pédagogiques et évaluatives cohérentes, dans le choix du matériel didactique, dans le choix des mots, dans le mode de questionnement utilisé pour apprivoiser une discipline, pour faciliter l'apprentissage.

Si tous les professeurs ont été conviés à repenser la mission de l'université et à initier un changement de paradigme, tous n'ont pas répondu à l'invitation avec la même sensibilité. Certains professeurs ont décidé de faire comme l'autruche et de se mettre la tête dans le sable, en continuant d'agir comme si rien n'avait changé ou évolué. D'autres ont décidé de résister, se disant qu'il s'agissait là d'une nouvelle lubie de pédagogues en mal d'attention et que les choses allaient se « tasser ». D'autres, tel l'explorateur, ont voulu tenter l'expérience et aller voir de l'autre côté du mur, se disant qu'entre l'ennui ou la fatigue, l'invitation à changer de paradigme se présentait comme un défi séduisant.

▶ Le paradigme enseignement : le paradigme de la certitude

Le système éducatif s'inscrit en général dans le paradigme enseignement, associé au paradigme encyclopédique que Paquette (1996) décrivait comme ce mode d'enseignement axé sur « une accumulation progressive des différents savoirs, lesquels sont présentés d'une manière linéaire et compartimentée ». Il se concrétise par une pédagogie fondée sur un processus d'enseignement qui permet d'évaluer la réussite en fonction d'une mesure quantitative des réponses retenues par l'élève après un temps donné. Il se crée par une pédagogie qui distingue les bons élèves et les élèves qui n'ont pas la capacité de réussir. Dans ce contexte, un certain taux d'échec scolaire est acceptable. L'idée de la réussite pour tous n'est pas compatible avec la vision même de la mission de l'école. Il faut plutôt parler de la réussite d'un maximum d'élèves qui ont la capacité d'apprendre selon un modèle prédéterminé. D'où l'idée, évoquée par Meirieu (1995), du paradigme de la certitude. La responsabilité première de l'enseignant est la maîtrise du contenu et, par ricochet, il lui importe de *couvrir* la matière, d'intéresser les étudiants et d'évaluer leur capacité de rétention. Il s'agit principalement de l'enseignement d'une discipline. L'enseignant agit à titre d'expert et de conférencier. Il transmet ses connaissances, ses certitudes et s'adresse à un auditoire qui le suit et qui comprend sa logique (ou qui devrait le faire). Il s'agit, en l'occurrence, de dire ce qui a été recherché et trouvé (Altet, 1994), pour assurer la reproduction de la communauté scientifique, précise Bireaud (1990). Ce style convient à un auditoire homogène qui a les éléments de base pour comprendre et pour suivre les propos de l'enseignant. Il s'agit d'une pédagogie basée sur la recherche (celle du chercheur) ou sur l'expertise d'un praticien (enseignant, artiste, avocat, scientifique...).

Par ailleurs, la responsabilité de traiter l'information, d'effectuer des liens avec d'autres concepts, d'autres contenus et d'autres cours, ou encore avec la profession ou le métier qu'il compte exercer revient exclusivement à l'étudiant. De fait, dans un tel contexte, l'enseignant attribue à l'effort les caractéristiques d'une habileté intellectuelle. L'effort devient une capacité intellectuelle innée ou acquise dont sont tributaires l'organisation et le traitement de l'information.

Le paradigme enseignement a l'avantage pour certains de délimiter les territoires : l'un enseigne, l'autre apprend. La préoccupation la plus souvent exprimée par les acteurs de ce paradigme concerne la capacité de faire *passer tout leur contenu* dans un temps donné. Le professeur parle de *son* cours, de *son* contenu, comme de sa maison ou de ses actions à la Bourse. Le temps devient pour le professeur un obstacle majeur parce qu'il détermine les limites du contenu qui sera transmis et acquis. Sa satisfaction à la sortie d'un cours est reliée au fait, notamment, de parvenir à *tout dire ce qu'il voulait dire...*

• *Un questionnement pédagogique axé sur l'enseignant*

Dans ce paradigme enseignement, le professeur se questionne beaucoup sur ses compétences disciplinaires. Il lui importe de contrôler la matière, de façon à pouvoir éventuellement répondre aux questions posées par les étudiants. Cela lui permet en outre d'éviter, grâce à une mise à jour serrée de ses connaissances, les « questions pièges » qui pourraient être confondantes. Avoir une préoccupation d'enseignement ne veut pas dire que l'on ne s'intéresse pas aux étudiants mais qu'on s'y intéresse à travers des préoccupations de contenu à couvrir et non pas en fonction de compétences que l'on souhaite voir se développer chez l'étudiant. En voici quelques exemples :

– Comment passer à travers tout mon contenu ? Tant de choses sont importantes.

– Est-ce que j'ai assez de contenu pour couvrir les trois heures de cours ?

– Comment discriminer les étudiants de mon groupe par des questions d'examens ?

– Est-ce que l'examen entraînera la répartition des étudiants selon la courbe de Gauss ?

– Comment se fait-il qu'ils n'arrivent pas à s'organiser ? Je leur ai dit quoi faire pourtant !

– Pourquoi me répètent-ils la même question ? Je l'ai pourtant dit cent fois dans le cours !

– Comment me limiter à deux examens par session ? C'est déjà assez de corrections !

– Comment vais-je réussir à couvrir tout le contenu du cours avec leurs incessantes questions ?

• *L'évaluation ou comment avoir le bon bout du bâton ?*

Dans le paradigme enseignement, l'évaluation demeure la responsabilité exclusive de l'enseignant. Perçue comme un jugement sur la compétence de l'étudiant, l'évaluation devient un outil de discrimination et un moteur favorisant la compétition, exactement comme dans une entreprise. Elle peut également contribuer à dynamiser et orienter le travail des étudiants. On travaille sur le mode de l'anticipation des « colles » venant du professeur ou des étudiants. Le droit de reprise n'étant pas reconnu, l'encadrement n'est utilisé qu'en dernier recours. Il est toujours un peu honteux pour un étudiant de demander de l'aide, d'autant plus que dans la culture du paradigme enseignement, peu de temps est consacré à l'encadrement. C'est souvent une autre personne que le professeur responsable du cours qui endosse ce rôle.

En somme, évaluer la réussite dans le paradigme enseignement c'est mesurer la capacité de l'étudiant à retourner le plus fidèlement possible l'information qui a été donnée au cours de la session. Dans un tel contexte, l'encadrement, comme stratégie d'accompagnement, n'est pas directement lié au succès de l'étudiant. Cette stratégie est jugée « un peu vertueuse » par certains professeurs parce qu'elle ne permet pas d'ordonner et de maintenir comme dans le passé un ordre social ni de distinguer les étudiants les plus brillants. On comprend aussi qu'une formation donnée sur une base normative peut difficilement être compatible avec la réussite du plus grand nombre.

• *L'exposé magistral*

• L'exposé magistral fait figure de proue dans le paradigme enseignement. Cette façon de faire a guidé jusqu'à ce jour des passions intellectuelles très heureuses et a mené de nombreux étudiants à l'exercice d'une profession ou à la recherche. Le but ici n'est donc pas de faire table rase de cette tradition universitaire, mais de questionner la pertinence de son impérialisme dans l'enseignement et le fait de s'accrocher au contenu comme la seule porte d'entrée à l'apprentissage. C'est questionner ce mode de communication avec l'étudiant qui maintient ce dernier dans une position d'auditeur et le professeur dans sa position de conférencier. Par ailleurs, l'avènement des nouvelles technologies permet aux étudiants d'avoir accès à une panoplie d'informations qui met en péril la suprématie accordée au contenu. En effet, qui peut résister encore, en cette fin de siècle, à ce que Leclercq (1998) définit comme les *trois chocs moteurs qui ont ébranlé notre société* (p. 66), c'est-à-dire l'avènement de la société de l'information, la mondialisation de l'économie et le progrès scientifique et technologique ?

• Si l'enseignement se résume à transmettre des connaissances, on peut comprendre que tout miser sur le contenu comporte un prix à payer qui se traduit parfois par une certaine aliénation, une perte de créativité qui l'emporte sur le plaisir de parler devant un auditoire. Beaucoup d'enseignants envisagent avec une certaine angoisse les questions qui leur sont posées par leurs étudiants. Ils craignent de ne pouvoir fournir immédiatement la bonne réponse. Cette crainte est justifiée par le fait que les questions peuvent entraver le déroulement du cours ou miner la crédibilité du professeur. Chaque cours est construit selon une logique de contenu qui se définit dans une linéarité visant un but précis. Le professeur tend à donner sa matière, à une vitesse qui compromet bien souvent l'apprentissage, puisqu'il n'y a pas de liens, pas de retour, pas de synthèse, et que l'étudiant ne peut effectuer une prise de notes efficace.

• *Des programmes conçus selon les ressources professorales*

Le paradigme enseignement inspire encore la majorité des programmes universitaires. Le plus souvent, il s'agit de programmes définis par objectifs. En principe, ce type de programmes chapeaute nos actions et les guide. En réalité, le programme demeure une entité plutôt morcelée dans les esprits, chacun s'investissant dans son secteur, sa spécialité. Il faut comprendre que, guidée par une idéologie d'enseignement, l'élaboration du programme se fait à partir de l'expertise des professeurs disponibles dans un département et non en fonction des compétences cibles que l'on devrait voir reliées à une activité professionnelle plus ou moins définie.

C'est ainsi qu'un programme de formation s'élabore en partant d'une logique de développement des connaissances au lieu d'une logique d'architecture du savoir. Cette logique d'acquisition de connaissances se retrouve dans des objectifs d'enseignement (faire connaître les dimensions non verbale et verbale de la communication en classe) et non d'apprentissage (utiliser le programme scolaire comme outil de référence idéologique et didactique pour planifier son enseignement).

Le programme est, à toutes fins utiles, élaboré dans une perspective d'acquisition des connaissances dans un domaine spécifique. Il évolue en fonction d'une identité professorale et non d'une identité professionnelle. La théorie précède la pratique. Cette dernière est vue comme un mode d'application et d'intégration des apprentissages dont l'étudiant ne peut profiter qu'à la fin d'un long parcours académique. Le paradigme enseignement peut donc se résumer sur la base des éléments suivants :

– enseigner, c'est transmettre des connaissances ;

– apprendre, c'est accumuler des connaissances ;

– le professeur est l'autorité disciplinaire. C'est un chercheur qui enseigne ;

– la formation s'appuie sur des programmes par objectifs ;

– le mode de transmission privilégié est soit la conférence, soit l'exposé magistral ;

– l'apprentissage s'effectue par contagion, par émulation ;

– le contenu est au cœur de la formation ;

– la clientèle est perçue comme homogène ;

– l'étudiant est passif et responsable de transformer lui-même l'information en connaissances ;

– l'éthique est associée à l'honnêteté intellectuelle et vise à transmettre toute la vérité (justesse) et toute l'ampleur (quantité) des connaissances.

▶ **Le paradigme apprentissage :
agir dans la complexité et l'incertitude**

Le paradigme apprentissage réfère à « une culture de la formation centrée sur l'étudiant. Celui-ci se voit confier un rôle plus actif dans sa formation » (Leduc, 1996). L'apprentissage est conçu comme une construction personnelle qui prend appui sur les connaissances antérieures de l'étudiant. Ce dernier est l'acteur de sa cognition et il utilise une approche réflexive, pour traiter l'information, l'organiser, la communiquer et résoudre des problèmes complexes. Au lieu d'exiger de l'étudiant qu'il reproduise le sens des concepts qu'on lui donne en classe, Barth (1996) estime plus avantageux, en termes d'apprentissages, de lui permettre de trouver lui-même le sens qu'il faut donner à ces concepts. Cette vision, Develay (1992, p.120) la cristallise autour d'une représentation de l'apprentissage qui gouverne nos choix : au moment de la planification du cours, de l'intervention en classe et de l'évaluation des apprentissages. C'est ainsi qu'on en arrive à définir ce que l'on entend par apprendre :

– apprendre, c'est trouver du sens à une situation qui n'en possède pas forcément au départ ;

– l'apprentissage est le résultat de la mise en œuvre d'un concept, à partir du système de représentation de la situation de l'étudiant et d'une habileté cognitive ;

– apprendre, c'est être capable de transférer l'habileté cognitive.

Pourtant, il ne suffit pas d'adopter une nouvelle conception de l'apprentissage pour changer nos pratiques. Il faut avant tout s'investir dans le développement d'une pédagogie misant sur l'engagement de l'étudiant, l'intégration et le transfert des apprentissages.

Le paradigme apprentissage défend l'hypothèse de l'éducabilité de tout individu. Il s'agirait non pas d'une caractéristique innée de l'apprenant, mais d'une attitude volontaire de l'éducateur (Rey, 1996). Il existerait des pratiques pédagogiques plus performantes sur le plan du développement des habiletés cognitives et métacognitives. De fait, le transfert est favorisé par le développement des habiletés métacognitives dans la mesure, rappelle Develay (1992), où elles apparaissent comme une connaissance par rapport à l'utilisation des connaissances. Il y a métacognition chaque fois qu'il y a un recul par rapport à l'action.

La question tout comme l'erreur constituent des outils d'analyse, d'interprétation de l'apprentissage et de l'enseignement. Le temps aussi est considéré comme un facteur déterminant de la réussite et se traduit par un investissement continu, individualisé et assorti d'un encadrement spécifique. Il est fonction de ce que représente, pour un étudiant, la résolution d'une tâche, d'un travail ou d'un problème donné. De là vient l'association que l'on fait spontanément entre le paradigme apprentissage et l'encadrement des apprentissages. C'est du moins ce que suggère Leduc (1996) en insistant sur la nécessité de passer « d'une culture de l'enseignement, considéré comme une tâche pour l'enseignant, à une culture de l'encadrement des apprentissages, considéré comme condition de réussite et de formation ».

Cette vision de la formation a été largement inspirée par la pensée socio-constructiviste et cognitiviste. Elle a donné lieu, au Québec entre autres, à la conception de programmes par compétences à tous les niveaux d'enseignement. Ces programmes se présentent comme une alternative aux programmes traditionnels par objectifs et ils visent à répondre à différentes revendications exprimées par les étudiants et les enseignants à savoir, une formation plus polyvalente, un lien plus étroit entre la théorie et la pratique, et plus d'occasions d'intégration et de transfert des apprentissages.

Des programmes par compétences

Au début des années quatre-vingt-dix, certains départements de l'UQAM, dont celui de Danse, ont été impliqués dans un processus de refonte en profondeur du programme de premier cycle. Le but de cet exercice était d'élaborer un programme de formation non pas en s'appuyant sur la seule expertise des professeurs du département, mais en tenant compte des compétences cibles, représentatives des pratiques professionnelles exercées dans un domaine précis (éducation, arts, communication, sciences). Retenons tout de suite qu'une compétence « *permet de faire face régulièrement et adéquatement à une famille de tâches et de situations, faisant appel à des notions, des connaissances, des informations, des procédures, des méthodes, des techniques ou à d'autres compétences, plus spécifiques* » de l'étudiant (Perrenoud, 1998).

Cet exercice a donné lieu, au département de danse, à un long processus de réflexion. Nous visions deux objectifs : le premier était de favoriser l'intégration et le transfert des apprentissages, tandis que le second visait à élargir la formation pour la rendre plus polyvalente et plus conforme aux exigences nouvelles du marché du travail (l'art, l'enseignement). C'est dire que ce nouveau programme imposait une restructuration des cours, une modification des stratégies pédagogiques et évaluatives dans une direction qu'il aurait été alors bien audacieux de préciser. Le programme par compétences imposait une nouvelle logique de formation, à laquelle l'équipe de professeurs n'était pas habituée. Nous entrions intuitivement, par cette rupture épistémologique, dans un autre paradigme. Nous savions cependant que notre statut comme celui de l'étudiant, devaient se modifier. Si le nôtre était moins facile à définir, nos attentes envers les étudiants se précisaient par plus d'autonomie, plus d'implication, plus de responsabilités. L'étudiant devait devenir ainsi partenaire à part entière de sa formation.

La décision d'élaborer un programme par compétences a eu plusieurs conséquences : modifier le « design pédagogique » du projet de formation ; transformer les objectifs, le type et le contenu des cours ; privilégier d'autres stratégies pédagogiques et évaluatives. De fait, tout le programme a été conçu en fonction de l'identification et de l'atteinte des compétences liées à l'exercice d'un métier donné (celui d'enseignant, par exemple). Une telle stratégie impliquait que chaque « titulaire de cours » détermine les compétences visées en termes de connaissances, d'habiletés et d'attitudes. Nous pouvions dès lors retrouver dans le descriptif d'un cours ce type de formulation : développer une réflexion sur le rapport entre le développement des connaissances en Art et l'évolution des pratiques d'interprétation et des réalisations artistiques ; utiliser les fondements de l'approche réflexive pour orienter les décisions d'enseignant en danse.

Néanmoins, malgré les difficultés et la résistance engendrées par l'approche par compétences, cet exercice a été nécessaire et pertinent à l'évolution du programme de formation. Cette évolution est donc assujettie à la capacité de reconnaître les exigences d'un programme et à l'application d'un enseignement explicite. Le programme par compétences se définirait en somme à partir des caractéristiques suivantes qu'évoquait Perrenoud (1998) :

– le programme est un lieu de formation où l'étudiant peut recevoir des outils pour maîtriser sa vie et comprendre le monde ;

– le programme se développe à partir de compétences clés reliées à l'exercice d'une fonction sociale ;

– le programme évolue au regard d'une identité professionnelle plus ou moins définie ou plus ou moins implicite ;

– la construction du programme suppose une réorganisation des contenus, une mobilisation des savoirs dans des situations complexes ;
– ce type de programme suppose une évolution des pédagogies et des modes d'évaluation ;
– le rôle du professeur se modifie : il devient expert, guide, accompagnateur ;
– l'étudiant devient partenaire de la formation ;
– le programme s'adresse à une clientèle hétérogène ;
– l'éthique se définit autour de deux principes : la réussite de l'étudiant, la cohérence entre les exigences annoncées et les modalités d'évaluation.

• *Le paradigme apprentissage s'appuie sur une pédagogie du transfert*

Le transfert peut être défini comme une démarche de construction identitaire. Il s'agit d'une démarche où l'identité n'est jamais fixation, enracinement définitif dans un donné ou limitation sécuritaire dans le connu. Ce serait plutôt, selon Meirieu (1995, p. 203), une démarche où l'identité est un parcours jamais achevé, une mise en relation systémique, une interrogation réciproque de ce qui constitue les points d'appui nécessaires, mais limités, de la construction de soi. Les approches de transfert impliquent des niveaux de complexité différents et elles renvoient également à la recherche et à la construction de sens par l'étudiant. Cela se traduit par une façon d'être, de faire et de s'engager dans une discipline (Bruneau, 1996) et par l'acquisition d'habitudes spécifiques. Rey (1996, p. 109) relève un certain nombre de ces habitudes comme les suivantes :
– utiliser les capacités logiques ;
– anticiper ;
– distinguer entre ce qui a de l'importance et ce qui n'en a pas ;
– vouloir comprendre ;
– lier des événements les uns aux autres ;
– lier des faits, des données.

De la même manière, s'engager dans une pédagogie du transfert signifie, pour reprendre l'expression de Meirieu (1995), que l'enseignant utilise le transfert comme « principe régulateur » des pratiques pédagogiques. Les occasions de manifester cet engagement sont nombreuses et surviennent chaque fois que le professeur amène l'étudiant à se projeter dans le futur et à envisager des usages possibles de ce qu'il vient d'apprendre. La question de transfert se pose aussi lorsque sont isolées les possibilités d'utiliser une connaissance, une compétence ou une expertise d'une situation à une autre, donc chaque fois que sont mises en place des situations où l'étudiant doit reconnaître des similitudes entre deux situations : tenter de « décontextualiser » ce qu'il a acquis dans une situation ou tenter de le « recontextualiser » ailleurs (Meirieu, 1995). Ainsi, le transfert demeure un principe régulateur pour l'enseignant, dans la mesure où le transfert pose « la question des moyens de façon à ce que des savoirs soient intégrés par des personnes et contribuent à leur développement individuel et collectif » (Meirieu, 1995, p. 202-203). Cela suppose, poursuit le même auteur, « non seulement la "transposition", le "transport" d'un outil d'une situation à l'autre, mais bien une reconstruction de schèmes d'action. Cette reconstruction se ferait premièrement, en fonction de ce qui a déjà été appris et des éléments nouveaux que l'on rencontre, deuxièmement, de l'environnement particulier dans lequel on se trouve maintenant, troisièmement, de ses codes sociaux et de ses habitudes et quatrièmement, de l'histoire spécifique d'un sujet qui rencontre d'autres histoires et doit en tenir compte pour intégrer ce qu'il était et savait déjà dans une situation sociale nouvelle » (Meirieu, 1995, p. 202-203). D'autres principes d'action viennent se greffer à une pédagogie de transfert :

– le professeur travaille avec l'étudiant sur la complexité des conditions de transfert d'une connaissance à l'autre, d'une compétence à l'autre ;

– le professeur suscite l'intégration des connaissances « mortes » dans une dynamique personnelle et non dans un acte mécanique ;

– le professeur se place lui-même en position de transfert et adopte devant les étudiants une attitude existentielle nourrie d'une « intention » de comprendre, de faire des liens, de trouver du sens (Rey, 1996) ;

– le professeur gère une tension dynamique qui se joue et qui interroge le rapport entre la culture disciplinaire transmise et l'identité personnelle de référence.

• *La pédagogie de transfert prend appui sur un enseignement explicite*

La culture didactique actuelle est davantage sensible à la communication de faits et de données, à la quantité d'informations plutôt qu'à leur traitement sous forme de tableaux, de schémas ou de réseaux sémantiques. Derrière cette pratique, se profile la croyance selon laquelle la responsabilité de l'organisation et du traitement du contenu livré en classe revient à l'étudiant. De façon erronée, la difficulté qu'un grand nombre d'étudiants éprouvent à faire ce transfert est souvent pressentie comme un manque de capacités intellectuelles. Or, le traitement de l'information, même pour le professeur spécialiste de sa discipline, constitue un exercice complexe, une façon de faire qui n'est pas habituelle. Pourquoi l'étudiant devrait-il réussir à faire ce que beaucoup d'enseignants ne réussissent pas à faire eux-mêmes ? La nécessité de créer des « ponts cognitifs » entre les contenus, entre les concepts, entre les compétences, est majeure, car un concept, précise Astolfi (1992), « n'arrive jamais seul. Il est généralement relié à d'autres connaissances antérieures ». D'où l'évidence qu'on n'apprend pas sur du vide mais à partir de connaissances antérieures et de représentations ancrées dans la mémoire à long terme. Du cours magistral comme canal de communication incontournable, on en arrive à privilégier une panoplie de stratégies interactives impliquant l'étudiant comme acteur et partenaire de la formation.

Plusieurs auteurs, comme Tardif (1992), Astolfi (1992), Meirieu (1996), Ramsden (1988), Berbaum (1995), pour ne nommer que ceux-là, affirment que l'apprentissage d'un concept, d'un procédé, d'une démarche et son transfert nécessitent un *enseignement explicite*. Au contraire, un enseignement vague ou implicite aurait peu de chances de produire des apprentissages significatifs et durables. L'intégration et le transfert des apprentissages ne reposeraient donc plus uniquement sur les épaules de l'étudiant et sur sa volonté d'apprendre. Ils seraient plutôt reliés à la capacité de l'enseignant à structurer le contenu d'un cours autour de principes directeurs et significatifs, en vue d'amener l'étudiant à réaliser une tâche de façon satisfaisante ou à résoudre un problème complexe. Tardif (1999) insiste sur la nécessaire utilisation des trois types de connaissances, déclaratives, procédurales et conditionnelles, pour qu'il y ait transfert. Ce qu'il importe cependant de comprendre, souligne Tardif (1992, 1999), c'est qu'en considérant ces habiletés comme des connaissances, il nous faut tout de même y travailler avec le même acharnement que celui qu'on a mis pour donner du contenu ou des connaissances déclaratives. Ce qui suppose donc que ces trois catégories de connaissances devraient être évoquées en classe, de façon explicite, puis traduites, interprétées et expérimentées par des exercices adaptés, variés et complexes.

Tout cela suppose, comme le précise Tardif (1992), que le développement des connaissances doit être supporté par deux dispositifs pédagogiques cohérents et explicites. C'est ainsi que pour être explicite, un enseignement doit signifier une intention préalable de contribuer au développement des connaissances. Par conséquent, le plan de cours, le contenu, le type d'évaluation, le climat à créer en classe et les activités proposées devraient être orientés dans le même sens.

Un enseignement explicite repose également sur le fait que l'enseignant accepte de «penser devant son groupe », de dévoiler son parcours vers la connaissance, en y incluant les difficultés, les obstacles, les questionnements, les pistes de solutions possibles. Il présente à ses étudiants son attitude face au savoir, ses propres réflexions ou analyses, ses habiletés cognitives et métacognitives, et il témoigne d'un processus d'apprentissage qui inclut ses propres embûches, ses réussites, ses erreurs et ses sentiments. Le questionnement devient un outil précieux dans les groupes où les étudiants sont nombreux, plus particulièrement lorsque l'on souhaite favoriser la réflexion face au contenu, développer la capacité à faire des liens et envisager le contenu dans la perspective d'une utilisation éventuelle.

À cet effet, il est intéressant de mentionner l'approche de ce professeur qui, observé dans un contexte d'enseignement universitaire (Bruneau et Langevin, 2000) avait l'habitude, pour attirer l'attention de ses étudiants, de poser ses questions à la troisième personne. Cela donnait lieu à des questions comme celles-ci : qu'est-ce que je suis en train de dire ? Pourquoi pose-t-il cette question ? Cette approche lui permettait, pour un moment, d'effectuer une mise à distance du contenu et de stimuler la réflexion et la responsabilisation de tout le groupe dans la recherche d'une réponse.

• *Un questionnement pédagogique axé sur l'étudiant*

Le fait d'intervenir dans un programme par compétences oblige l'enseignant à se questionner à la fois sur la pertinence de son rôle et de ses interventions, sur les besoins des étudiants, sur les contenus et le matériel didactique mis à la disposition des étudiants. Ce qui fait, qu'au-delà des préoccupations de contenu, on retrouve chez l'enseignant un questionnement de type stratégique qui porte sur la communication en général, l'interaction en classe, l'expérimentation, l'intégration et l'évaluation des apprentissages. Voici quelques exemples de questions d'ordre stratégique :

– Quels types de travaux permettront aux étudiants d'utiliser les connaissances développées au cours de la session et de mobiliser les compétences cibles ?

– Comment leur montrer les liens possibles entre les concepts ?

– Comment leur faire saisir, expérimenter, utiliser éventuellement ces concepts dans leur travail de session ?

– Comment aider les étudiants à lire un texte de référence de façon efficace ?

– Comment tirer profit de ce texte pour les aider à faire le lien avec le contenu des cours précédents ?

– Comment les amener à travailler en équipe de façon efficace et efficiente ?

– Comment favoriser l'échange d'informations ?

– Comment exploiter le recueil de textes de référence de façon maximale ?

– Comment les soutenir dans le développement d'une approche réflexive ? Par quels exercices, par quels types d'évaluation y parvenir ?

– Comment s'assurer que le cours sera de nature à les rendre plus riches en connaissances et mieux articulés que ceux qui n'ont ni suivi le cours, ni lu les textes de référence ?

▶ L'enseignant : stratège et guide

Tout comme l'entraîneur établit un programme spécifique pour chaque athlète, l'enseignant, impliqué dans un paradigme apprentissage, doit établir son plan de match au regard des particularités de son groupe, des exigences de la discipline et de l'objectif ultime de son intervention, soit celui de réussir l'intégration et le transfert des apprentissages. Le paradigme apprentissage impose un enseignement différencié (Perrenoud, 1997 ; Meirieu, 1995), diversifié et stratégique. Le rôle de l'enseignant est d'apporter un encadrement répondant aux besoins spécifiques de certains étudiants. Cela peut se faire en leur consacrant plus de temps ou en leur faisant bénéficier, selon les cas, d'outils plus nombreux et plus diversifiés. D'autre part, il importe de diversifier les stratégies pédagogiques, en confrontant les étudiants à différentes méthodes d'apprentissage. L'enseignant pourra faire appel, entre autres, à l'analyse de texte, à la schématisation, à la présentation de données et de résumés de lecture, à l'analyse de cas et à la résolution de problèmes. En termes d'évaluation, cela implique que l'enseignant réduise l'écart entre les objectifs annoncés (au regard des compétences visées), la formation offerte et les modalités d'évaluation des apprentissages.

▶ L'étudiant : partenaire de la formation et de l'évaluation

Le paradigme apprentissage entraîne une modification des rôles. La responsabilité de l'apprentissage et de la réussite est maintenant partagée entre le professeur et l'étudiant. Le premier devient entraîneur et médiateur (Tardif, Barr et Tagg ; Huba et Freed, 2000). Le second est un acteur réflexif de premier plan qui participe à l'apprentissage sous différentes formes : lecture systématique, résolution de problèmes, communications de rapports d'analyse ou de lectures, analyse de cas. Le paradigme enseignement fait reposer la source privilégiée du savoir sur l'enseignant, tandis que le paradigme apprentissage suppose que l'enseignant exploite les sources de savoir et les connaissances antérieures des étudiants, tant au point de vue théorique que pratique. L'enseignant fait également appel à sa propre expertise, à la littérature scientifique, aux témoignages d'experts, aux informations disponibles sur l'autoroute électronique et à tout autre source d'informations pertinentes. L'apprentissage implique tous les membres du groupe, mobilisés vers un même but, soit la production d'apprentissages significatifs et transférables. Le climat de travail coopératif y étant valorisé, l'information comme les connaissances et les habiletés de chacun peuvent circuler et servir à la réussite du projet d'apprentissage.

L'évaluation, dans un paradigme d'apprentissage, se veut d'abord formatrice, elle doit reposer sur un certain nombre de critères et utiliser un éventail assez large de moyens : rapports d'étude, histoires de cas, résolution de problèmes, portfolios, performances (chorégraphie, expositions), ou examens théoriques qui permettront de mesurer le degré d'acquisition de connaissances. L'étudiant sera associé au processus d'évaluation, en participant au choix des critères de réussite et à l'évolution de sa démarche de travail ou à celle d'un pair.

La pondération des travaux y sera plus large et moins discriminatoire. L'enseignant tiendra compte à cet effet, des propositions d'évaluation qui auront été répertoriées, de l'importance des compétences recherchées et de l'apport intégrateur des travaux à réaliser. Les exigences de l'enseignant sont ainsi suffisamment explicites pour permettre aux étudiants de canaliser à l'avance leurs efforts vers des contenus précis, d'anticiper l'évolution des problèmes et, par voie de conséquence, d'investir davantage dans leur apprentissage. Il n'y a pas d'*examens surprise* pour discriminer les étudiants les plus attentifs, les plus rapides à assimiler des contenus ou ceux qui correspondent le mieux à l'image que l'on se fait d'un bon étudiant. Ce qui est recherché, c'est la réussite du plus grand nombre possible d'étudiants. L'application de la « courbe normale », dans un tel contexte, ne trouverait pas sa raison d'être.

L'encadrement demeure un passage obligé pour la majorité des étudiants et devient une stratégie pédagogique au même titre qu'une autre. La recherche de Bruneau (1996) a permis de constater que les étudiants qui profitent le plus des séances d'encadrement sont habituellement ceux qui obtiennent des résultats élevés ou supérieurs à la moyenne ; ils savent tirer profit des ressources disponibles. Puisque l'encadrement des étudiants constitue une approche de nature à favoriser la réussite et à développer la confiance en soi, il est essentiel d'en faire une pratique courante pour tous les étudiants et particulièrement, pour les moins performants.

• *Paradigme enseignement, paradigme apprentissage : deux logiques*

La démarche conduisant à un changement de paradigme pose, comme nous l'avons souligné plus haut, un problème pour les professeurs, parce qu'elle a pour effet de remettre en cause les fondements de leur pratique pédagogique et les oblige à un repositionnement quant à leur statut. Non seulement l'exigence de recherche demeure mais elle est dorénavant assortie d'une exigence de professionnalisation de leur enseignement. Les deux paradigmes que nous avons présentés correspondent à deux visions diamétralement opposées parce que, précise Tozzi (1992), la logique de l'enseignement ne se calque pas à la logique de l'apprentissage. De façon à bien saisir la logique sous-tendant chacun de ces paradigmes, et les conséquences qu'ils entraînent sur l'apprentissage et l'enseignement universitaire, nous en avons regroupé les caractéristiques dans le tableau comparatif qui suit.

Tableau 1
Paradigme de référence et modèle d'action pour l'universitaire

Paradigme enseignement Une logique de contenu	Paradigme apprentissage Une logique de transfert
Le professeur est expert, conférencier	Une logique de spécialiste, stratège, accompagnateur
L'étudiant est passif	L'étudiant est actif, partenaire
Une logique disciplinaire associée à une qualification générale (culture)	Une logique de compétences reliée aux exigences du milieu professionnel de référence
Un enseignement basé sur des contenus disciplinaires, sur la recherche du professeur	Un enseignement basé sur le développement d'habiletés cognitives et métacognitives
Le but est d'assurer une reproduc- tion de la communauté scientifique	Le but est d'assurer l'intégration et le transfert des apprentissages
Une logique de connaissances de développement personnel	Une logique d'utilité, de construction de sens

▶ **Conclusion**

Au même titre que notre société a dû prendre le virage technologique, l'invitation faite aux enseignants universitaires de changer de paradigme impose un repositionnement qui n'est pas sans bouleverser les mentalités et la culture universitaires dominantes. Cela suppose un certain nombre de conséquences sur l'enseignement et sur l'apprentissage.

● *Conséquences sur l'enseignement*

Le changement de paradigme devient un passage obligé en vue d'une revalorisation de l'enseignement universitaire et impose ce que Frenay et *al.* (1998, p. 49) présentent en ces termes :

– une modification des rôles du professeur ;

– un développement de programmes par compétences ;
– la modulation de la place donnée au cours magistral en vue de favoriser l'approche interactive ;
– une mise en place d'une écologie de classe et un contenu plus démocratique (impact des cultures) ;
– le passage d'un enseignement reconnu pour ses propriétés intrinsèques (lieu de savoir) à un système conçu comme un bien utile et nécessaire pour faire face aux marchés mondiaux.

• *Conséquences sur l'apprentissage*

– une nouvelle représentation du concept apprentissage ;
– une modification du rôle de l'étudiant : il devient partenaire de sa formation et actif dans l'apprentissage ;
– une nouvelle façon d'apprendre, en rupture avec la façon traditionnelle privilégiant la mémorisation ;
– une préoccupation d'intégration et de transfert des apprentissages ;
– un intérêt pour la métacognition de l'étudiant ;
– une différenciation de l'évaluation et une valorisation de l'évaluation formative ;
– l'utilisation de l'encadrement comme stratégie déterminante de la réussite.

Face aux nécessités engendrées par les changements sociaux actuels et les découvertes pédagogiques récentes, c'est vers un statut renouvelé d'universitaire qu'on se mobilise. Cette évolution du rôle, il faudra la réaliser à partir de réflexions profondes sur la pratique et sur ses fondements. Une adaptation s'impose face à l'étudiant, à l'apprentissage, nous amenant à concevoir l'enseignement comme une élaboration stratégique de scénarios d'apprentissage.

2

Les étudiants : des acteurs à la recherche d'un rôle ?

• •

Si je n'apprends rien de vous, il est bien possible que vous n'appreniez pas grand-chose de moi...

Pierre Dansereau
Professeur émérite et écologiste

▶ **Des questions à se poser dans le nouveau paradigme**

Opter pour un paradigme résolument centré sur l'étudiant et l'apprentissage implique nécessairement de s'interroger sur cet étudiant. Comment est-il cet étudiant ? Ou plutôt, il faudrait poser la question dans son mode pluriel car les professeurs n'enseignent pas à un étudiant-type, mais à une mosaïque composée de personnes d'âges, de formations, de tendances et d'intérêts différents. Est-il possible, malgré cette grande diversité, de tracer un portrait d'ensemble des personnes qui poursuivent des études au niveau supérieur ? Plusieurs chercheurs (dont Frenay *et al.*, 1998 ; Romainville, 1993 ; Marton et Saljö, 1984 ; etc.) et de nombreux praticiens l'ont tenté jusqu'à maintenant et leurs études ont justement réussi à faire ressortir cette diversité, tout en apportant un éclairage sur l'ensemble.

Nous nous intéressons également aux étudiants de l'enseignement supérieur qui, malgré leur grande diversité, peuvent être observés sous différents angles : 1) sous l'angle de leurs caractéristiques personnelles et de leurs besoins actuels ; 2) sous l'angle de leur relation avec les enseignants ; 3) sous l'angle de leur rapport au savoir.

▶ **L'étudiant universitaire : qui est-il ? que veut-il ?**

• *Une clientèle diversifiée*

Les étudiants universitaires de maintenant se distinguent de ceux qui fréquentaient l'institution auparavant, d'abord parce qu'ils sont plus nombreux. On parle de massification (Frenay *et al.*, 1998), avec plus de 40 % des jeunes d'une génération qui ont accès aux études supérieures (pour la majorité des pays de l'OCDE), entraînant du même coup une grande diversification des profils étudiants. Romainville (Frenay *et al.*, 1998) souligne que « plus de la moitié des étudiants actuellement inscrits à l'université ont des parents qui n'ont pas fait d'études universitaires. Ils sont donc moins bien préparés, notamment aux codes et aux rituels de l'université que ceux qu'on appelle les *héritiers* […] » (Frenay *et al.*, 1998, p. 21). Romainville (Frenay *et al.*, 1998) relie ce phénomène de massification à l'augmentation des taux d'échecs et d'abandons au premier cycle en Belgique, taux qui reste « désespérément constant » à 55 % depuis plusieurs années, alors qu'en France, il se maintient également entre 40 et 50 %. Toutefois, contrairement à ce que plusieurs affirment, ces chiffres n'indiquent pas que le niveau académique soit à la baisse ainsi que l'ont bien démontré Baudelot et Establet (1989), mais que, parmi cet ensemble d'étudiants, un bon nombre n'a pas les outils culturels nécessaires pour passer le cap de l'adaptation. Frenay *et al.* reprennent les arguments de ces deux auteurs et concluent que « si l'on se concentrait sur le cinquième de nos étudiants actuels qui auraient été les seuls à entrer à l'université il y a trente ans, on constaterait que le niveau n'a pas vraiment *baissé*, peut-être même aurait-il augmenté » (Frenay *et al.*, 1998, p. 21).

La diversification de la clientèle étudiante s'explique du fait que peu de programmes opèrent une sélection serrée à l'entrée, ce qui place dans les mêmes cours des étudiants dont les niveaux de préparation varient énormément. Dans cette massification, les femmes investissent de plus en plus la plupart des programmes de premier cycle où elles forment près de 60 % des effectifs totaux dans les universités des deux côtés de l'Atlantique, même si elles demeurent encore minoritaires dans les études de deuxième et troisième cycles. Malgré la démocratisation relative liée à la massification des clientèles étudiantes (une plus grande proportion d'enfants d'ouvriers se rendent jusqu'à l'université), la fréquentation universitaire reste encore l'apanage des filles et fils dont les parents pratiquent des professions libérales tant en France et en Belgique, qu'au Québec par exemple.

Dans les collèges du Québec, le taux d'accès aux études supérieures est passé de 39 % en 1975 à 63 % en 1996 (Fédération des CÉGEPS,

1999). Comme en France et en Belgique, cette accessibilité a entraîné une diversification des clientèles, avec une nouvelle structure d'âge (augmentation de la proportion des 16-17 ans), une féminisation accentuée (40 % de filles en 1975 à 70 % en 1990 selon le même rapport de la Fédération des CÉGEPS), une nouvelle diversité ethnique et linguistique et des origines socio-économiques diverses.

Le Conseil supérieur de l'éducation (1995, p. 43-44), dans son rapport sur les conditions de réussite au collégial, a dégagé trois catégories d'étudiants de CÉGEP selon le degré de précision de leur choix vocationnel :

– 20 % d'étudiants dont le projet scolaire est relativement précis ;

– 50 à 55 % d'étudiants qui se cherchent une voie qu'ils ne trouveront souvent qu'en deuxième année ou à l'université ;

– 25 % qui ne savent pas trop pourquoi ils sont au CÉGEP.

Pour 75 % des étudiants, le CÉGEP constitue en quelque sorte un lieu de maturation vocationnelle et, d'ailleurs, la proportion d'environ 35 % des étudiants qui changent de programme en cours d'étude, ainsi que l'allongement de la durée des études[1], témoignent amplement de ce phénomène.

Ces chiffres démontrent que l'enseignement supérieur n'a plus l'importance qu'il avait pour les générations antérieures. Oui, on s'y inscrit plus qu'avant, mais cette occupation d'étudiant ne prend pas nécessairement une place prépondérante (Langevin, 1996) dans la vie des étudiants débordés par des emplois divers souvent sous-payés, des relations sociales et affectives prenantes et un rôle de consommateur très actif. Ainsi, ils ne sont pas pressés de finir leurs études, puisque l'université (comme le CÉGEP d'ailleurs) n'est plus perçue comme un privilège, mais plutôt comme un aboutissement normal et naturel à leurs yeux. De plus, l'institution n'accorde plus l'assurance d'un emploi garanti, ni la reconnaissance sociale récompensant les plus instruits. On la fréquente donc en se disant que peut-être un jour, cet investissement va porter

---

1. Entre 30 % et 38 % des étudiants du secteur pré-universitaire et 25 % à 36 % des étudiants du secteur technique obtiennent leur diplôme dans la durée prévue. Ces pourcentages augmentent jusqu'à 70 % et 80 % si on ne considère pas la durée des études. Après une année de plus que le temps minimum prévu, le taux de réussite des étudiants de 38 collèges de la cohorte de 1992 s'élève à 84 % pour ceux qui avaient une moyenne de 84 % au secondaire, à 50 % pour ceux qui avaient une moyenne de 75 % au secondaire, et à 15 % pour ceux qui avaient une moyenne de 64 % au secondaire (Service régional des admissions du grand Montréal [SRAM], 1997).

ses fruits, mais puisque rien n'est moins certain, mieux vaut prendre son temps !

• *Des étudiants qui jouent à « l'éternelle fiancée »*

Dans les universités québécoises (Direction de l'enseignement et de la recherche universitaire du ministère de l'Éducation, 1998), seulement 30 % environ des étudiants inscrits dans un programme de premier cycle d'une durée normale de trois ans (sauf dans la formation des maîtres qui dure quatre ans) complètent leur programme dans la durée prévue depuis la première inscription. Cette durée s'étire d'une année supplémentaire pour 54 et 58 % des cas, et 64 et 67 % des étudiants auront leur diplôme après cinq ans. Ces résultats sont relativement semblables à ceux que l'on peut observer dans les CÉGEPS, où seulement 38 % des étudiants obtiennent leur diplôme dans les limites de la durée normale de leur programme, alors que 70 % l'ont enfin au bout de cinq ans d'études. À titre de comparaison, en France, les taux varient beaucoup dans l'obtention du DEUG en durée normale de deux ans : 15 % pour les bacheliers scientifiques (44 % au total), 45 % pour les bacheliers économiques et sociaux (73 % au total). De plus, là comme ailleurs, les taux de diplômés peuvent être multipliés par deux ou trois lorsqu'on ajoute une ou deux années à la durée minimale requise[2]. Tous ces étudiants retardent la fin des études, un peu comme l'éternelle fiancée qui repousse sans cesse le mariage !

Ces résultats indiquent que l'engagement de l'étudiant à faire des études s'est fragilisé au cours des années pour diverses raisons dont le manque de perspectives d'avenir, la difficulté de relier les études à une utilité sociale n'entrevoyant pas de débouchés, l'actualisation d'un besoin d'autonomie et de liberté et l'influence du discours dominant laissant entrevoir un avenir sombre pour lui. Des préoccupations financières, familiales et professionnelles contaminent sa concentration et influencent son engagement aux études. Le besoin d'autonomie financière et l'avenir incertain que propose l'obtention d'un diplôme le place dans une situation d'urgence et de nécessité qui traverse ses préoccupations et ses dispositions à l'apprentissage. Le profil de l'étudiant universitaire est ainsi morcelé au regard de ses engagements familiaux, professionnels et financiers, engagements, rappelons-nous, qui s'ajoutent à son projet d'étude. Cette situation transforme l'étudiant en une

---

2. Poulet P., Minni C., Ducatez S. (1996), « Après le baccalauréat, quelles études, quels emplois ? », dans *Note d'information*, Direction de l'évaluation et de la prospective, Paris.

éternelle fiancée, qui se déguise tantôt en *itinérante*, en *résidente interne* ou *externe*, ou en *visiteuse*, *et* qui joue parfois à la *touriste*.

• *Des étudiants jeunes*

Les nouveaux étudiants sont très jeunes (17-18 ans) lors de leur arrivée au CÉGEP (Collèges d'enseignement général et professionnel, institution originale au Québec qui chevauche l'étape du DEUG en France[3]), et souvent (dans 60 % des cas), ils ont 19-20 ans quand ils débutent à l'université. À notre époque où les échelles des âges sont bouleversées, la période de préparation à la vie, comme toute la durée de la vie d'ailleurs, tend à s'allonger, faisant des jeunes adultes des adolescents prolongés. Or, quel que soit l'âge d'une personne, toute nouvelle insertion dans un milieu comporte une période d'adaptation inévitable à ce moment initial de transition. Lors de leur insertion au CÉGEP, il s'agit pour les nouveaux étudiants de réussir une adaptation à une transition (le même défi n'attend-il pas aussi les jeunes universitaires ?). Certains étudiants ont témoigné (Conseil supérieur de l'Éducation, 1995) qu'ils veulent développer leur autonomie tout en sentant que le professeur est là pour les soutenir dans cette démarche. Ils veulent surtout qu'on leur donne la chance d'évoluer vers une plus grande confiance en eux, car ils ressentent certaines craintes liées à leur adaptation à l'enseignement supérieur.

Aux États-Unis, le groupe du *First Year Experience Movement* (Gardner et Barefoot, 1995) a dressé une liste des craintes les plus communément exprimées par les nouveaux étudiants des collèges et universités. Craintes de se retrouver seul, de ne pas se faire d'amis ; gêne, timidité, manque de confiance en ses capacités, sentiment d'être différent des autres, peur de se perdre sur ce grand campus. Pour compenser les manques, pour masquer les peurs, pour affronter l'inconnu, bien des jeunes étudiants se camouflent en quelque sorte. Ils s'entourent d'un groupe qui occupe une grande partie de leur temps, profitent exagérément d'une nouvelle liberté, se montrent généralement froids face à leurs professeurs, sinon parfois carrément provocateurs. Plusieurs démontrent que l'adolescence leur colle encore à la peau et certains de leurs comportements stupéfient plus d'un professeur ! D'autres, par leurs travaux, témoignent qu'ils demeurent des novices dans les techniques et stratégies d'apprentissage, même après plus de douze ans à l'école. Derrière ces comportements qui déroutent plus d'un professeur, il faut chercher ce qui se cache et surtout, s'interroger sur l'attitude à adopter et les interventions à faire.

---

3. Le lecteur trouvera à la fin du chapitre un tableau comparatif simplifié des systèmes scolaires français et québécois.

• *Des étudiants tenant des rôles précis en classe*

Qu'il s'agisse d'étudiants débutant à l'université ou de cégépiens légèrement plus jeunes, dans chaque groupe il est possible de retrouver différents types d'étudiants auxquels le professeur s'adresse (Langevin, 1998). Chaque type correspond à un ensemble de comportements qui provoquent des réactions diverses chez le professeur. Tous les professeurs ont donc l'occasion de trouver dans leurs classes certains cas classiques que, non sans une pointe d'humour, nous avons baptisés ainsi : les « back-benchers » ou députés d'arrière-garde, les « haut-parleurs », les « ténébreux », les «timides», les « caqueteurs », et bien d'autres plus difficiles à identifier. Ces types d'étudiants sont fréquents dans les classes et viennent parfois à bout des meilleures préparations pédagogiques. Il faut donc savoir comment établir des relations harmonieuses avec eux et fourbir ses armes pour atteindre à une plus grande efficacité dans l'enseignement, tout en gardant une harmonie intérieure.

Les back-benchers

Cette expression anglaise qualifie les « députés d'arrière-garde ». À l'Assemblée nationale, ce sont ceux qui, une fois élus, sont bien installés à l'arrière, ne prennent jamais la parole, mais conservent une sorte d'esprit tribal, car ils lèvent la main lorsque leur chef de parti leur a demandé de voter et demeurent toujours fidèles au poste. Aux yeux de l'observateur, il semble souvent que ces *députés,* qui assistent passivement aux séances parlementaires, occupent leur temps à préparer leur liste d'épicerie, à écrire des lettres à leurs amis, à mener de longs conciliabules avec quelques mystérieux messagers, à écouter une musique secrète ou alors, à se laisser envahir par une catatonie rigide. Dans les classes, on retrouve toujours ces personnages qui s'installent le plus loin possible du professeur, bien agglutinés au mur du fond, demeurant très longtemps impassibles, manifestant peu d'intérêt pour ce qui se dit en avant, mais davantage pour leurs voisins immédiats, ou plus absorbés à faire la caricature du professeur.

Que faire de ces étudiants du fond de la classe ? Certains professeurs les craignent. D'autres les ignorent, les affrontent ou même, les confrontent. Bref, pour plusieurs, ils représentent une menace ou un défi. Certains enseignants se questionnent sur leurs propres réactions et réfléchissent ainsi : « Est-ce que je les crains ? Oui, un peu car ils renvoient une image peu valorisante pour moi. En les regardant réagir, ou plutôt ne pas réagir à mes propos, je crois lire l'ennui, le désintérêt pour ce que je présente. Mais je ne peux les laisser ainsi ! Je les ignore parfois, je les affronte ou les confronte, bref, ils prennent beaucoup de mon énergie ! » Ces enseignants choisissent souvent de ne pas les ignorer, de leur faire face directement, ouvertement, en utilisant l'humour. Par exemple, ils posent une question en avertissant qu'ils vont choisir le groupe de répondants parmi ces députés d'arrière-banc, ce qui fait sourire un peu tout le monde. Ces professeurs accordent trente bonnes secondes pour que ces *députés* puissent se concerter, plus longtemps s'ils n'ont pas écouté la question (ce qui donne à la classe l'occasion de sourire encore plus), et ils relancent ainsi leur participation en faisant ainsi de l'appel sélectif. Cependant, ils veillent à ne pas leur apposer une étiquette négative et varient leur sélection de répondeurs, allant du *groupe de l'ouest* assis près des fenêtres, en passant par ceux du *sud* installés à l'avant (près du roi-soleil ?) et ceux de *l'est* parfois oubliés dans *l'angle mort*, comme en automobile. Parfois aussi, avant même de présenter une notion, les professeurs avertissent qui aura à répondre à une question, ou mieux encore, qui, c'est-à-dire quel sous-groupe, aura à produire une ou des questions à adresser au reste de la classe (voir le chapitre 3, sur les questions en classe).

Les haut-parleurs

Il s'agit ici de décrire ceux qui répondent toujours aux questions que pose le professeur. Ceux-là soulagent de la peur du silence, mais ils empêchent aussi de joindre ceux que le professeur désire voir s'éveiller à son discours. Ils semblent toujours tout savoir, très rapidement, avant tout le monde ! Ils sont toujours les premiers à donner leur témoignage et à participer à une discussion. Le professeur a beau regarder dans une autre direction que la leur quand il pose sa question, ils sont quand même les premiers à lever la main ou à répondre spontanément. C'est curieux, mais le professeur éprouve fréquemment un mélange de satisfaction et d'agacement à leur égard, puisqu'ils lui donnent l'impression qu'il est un prof *superintéressant*, tout en limitant son sentiment d'être le *bon prof* qui rejoint tous ses étudiants... Que faire alors ? Plusieurs professeurs experts ont développé quelques interventions efficaces. Sans pointer ni regarder personne en particulier, ils demandent aux *haut-parleurs* de retenir leur réponse (ils n'utilisent pas le terme pour ménager l'orgueil de chacun) et d'écouter celle d'autres étudiants qui parlent peu, ou bien (et c'est alors un peu embêtant !) qui ne se considèrent pas de ce type. D'autres professeurs essaient souvent le conciliabule de trente secondes avec le voisin et font ensuite des appels sélectifs. Parfois aussi, ils demandent à ceux qui ont une réponse de chercher une autre question qui aurait pu être posée, pendant qu'ils font un autre appel à ceux qui n'ont pas levé la main.

Les ténébreux

Il s'agit ici des étudiants qui réagissent peu, qui ne sont pas nécessairement assis à l'arrière, mais qui ont rarement l'air souriant et ouvert. Quand l'enseignant fait un exposé, il les voit le suivre d'un air lugubre, ne pas rire à ses blagues, ne pas sembler touchés par ses propos. Le professeur se demande ce qu'ils pensent, il se demande même parfois s'ils pensent ! Pire encore, ils éveillent en lui son petit côté paranoïaque contre lequel il s'est tant battu. L'enseignant expert prête une attention particulière à un étudiant de ce type en lui souriant ostensiblement quand il rentre dans la classe, en lui faisant une remarque positive comme « tu as l'air en forme aujourd'hui ! », ou au contraire en lui demandant d'un air inquiet s'il va bien et, durant le cours, en lui posant directement des questions. Parfois, il réussit à le dérider un peu, mais il sait que c'est un étudiant qui profite beaucoup du travail en dyade, situation dans laquelle ce dernier n'a d'autre choix que de s'engager activement et d'y faire valoir un autre côté de sa personnalité.

Les timides

Ils sont nombreux, s'assoient parfois au fond de la classe ou dans un coin éloigné, avec le vague espoir d'y être oubliés. Ils ne s'expriment qu'en très petit groupe, rougissent ou attrapent un tic dès qu'on s'attarde à eux, même si on est seul avec eux. L'enseignant d'expérience a pris conscience que lui-même se sentait mal à l'aise quand il observait les manifestations de timidité de certains de ses étudiants. Plusieurs professeurs sont eux-mêmes d'anciens timides et comprennent fort bien ces grands enfants attardés incapables de dominer leurs réactions. Face à leurs étudiants timides, ils ne peuvent, pas plus qu'avec les *back-benchers* d'ailleurs, faire semblant de les ignorer. D'autant plus que leurs étudiants doivent parfois faire des exposés oraux. Ces professeurs ont ainsi décidé de discuter en classe de la timidité et des moyens de s'en libérer qu'ils ont parfois eux-mêmes mis en pratique. Ils représentent ainsi l'espoir de s'en sortir, ce qui permet à la discussion de démarrer entre tous les étudiants qui vont sourire ensemble aux manifestations incontrôlables des timides. À partir de cet échange, le climat est généralement plus détendu dans les classes où les timides participent davantage en soulignant avec humour leurs rougeurs intempestives quand ils prennent la parole.

Les caqueteurs

Voilà un type d'étudiants qui provoquent bien des colères retenues ou exprimées chez les professeurs. Cependant, il faut considérer ces étudiants comme des défis à relever, car ils obligent à repenser la longueur des discours magistraux, le ton de voix, les manifestations non verbales et, bien sûr, les principes éducatifs. Bien des professeurs ont tenté divers moyens de faire taire les *caqueteurs* : le regard insistant, l'arrêt du discours, le rappel direct, l'invitation à aller parler en dehors de la classe, le discours silencieux, le sermon limité, la proximité (en parlant et en s'arrêtant à côté des caqueteurs), la question sur le contenu, l'appel à partager avec tous leur petit échange. Bref, si ces professeurs ne manquent pas de moyens, hélas, ces étudiants continuent à caqueter ! Par conséquent, il importe de limiter la longueur des exposés en les entrecoupant de questions adressées sélectivement ou non. On peut aussi prévoir des activités d'apprentissages en dyades et en sous-groupes, et réserver des périodes d'enseignement par les étudiants car ceux-ci s'écoutent entre eux puisqu'ils se protègent et, de plus, ils apprécient la variété des présentations.

L'apprentissage coopératif peut aussi servir de stratégie efficace : par exemple, on peut proposer un problème selon la formule du *puzzle* (Howden et Kopiec, 2000) dans laquelle chacun apporte sa contribution à son équipe pour reconstituer l'ensemble de la tâche à réaliser. Des péda-gogies impliquant les étudiants obligent ceux-ci à se centrer sur la matière et pas sur autre chose !

Sur 40 étudiants, si les professeurs excluent les *haut-parleurs* qu'on peut dénombrer parfois jusqu'à 10, en plus des 15 *timides* qui s'expri-ment le moins possible et des 5 *caqueteurs*, il ne leur reste à fonctionner qu'avec une dizaine d'étudiants dont certains sont des *ténébreux* ! Ils doi-vent donc « prendre le taureau par les cornes » et ne pas faire semblant de penser que la situation est aussi simple qu'elle en a l'air.

• *Des étudiants qui manifestent des problèmes et des besoins*

Des études ont été menées par Bruneau (1990 ; 1995 ; 1996) afin de dé-terminer la nature des difficultés vécues par les étudiants inscrits à trois dé-partements : le département de Danse, d'Histoire de l'art et des Sciences ad-ministratives. Plus de sept cents dossiers étudiants ont été analysés, des questionnaires et des entrevues téléphoniques ont été adressés au groupe cible. Ces études ont permis de confirmer la nécessité de l'encadrement sous diverses formes (tutorat, monitorat, laboratoire…) dans la formation uni-versitaire, et ont permis de retracer des difficultés que l'on soupçonnait, certes, mais seulement de façon implicite, ponctuelle et morcelée. Nous ne pouvions alors anticiper l'ampleur des difficultés que l'on associait d'en-trée de jeu aux particularités du programme. Trois types de problèmes ont été ainsi identifiés : 1) problèmes liés à la formation de base et aux préa-lables ; 2) problèmes liés au contenu du programme et des cours ; 3) pro-blèmes liés à la gestion de son programme d'études.

Problèmes liés à la formation de base et aux préalables

Globalement les problèmes liés à la formation de base et aux préalables regroupent les difficultés relatives à la communication écrite et à l'applica-tion d'une méthodologie de recherche, ou plus globalement, d'une métho-dologie de travail. Ces difficultés réfèrent aux compétences attendues de l'étudiant lorsqu'il entre à l'université, compétences qui lui font souvent dé-faut. Globalement ces difficultés sont donc liées à plusieurs capacités :

– élaborer un plan de recherche, un plan de rédaction, un plan de travail, une bibliographie ;

– rédiger un texte cohérent ;

– effectuer une recherche en bibliothèque ;

– effectuer une analyse ou une synthèse de texte, d'œuvre (selon le département) ;

– différencier les idées principales des idées secondaires.

Dans ce volet de recherche menée au département de danse, les étudiants soumis à un examen ont manifesté des difficultés à saisir le sens de certains mots et de termes techniques, pourtant essentiels à l'analyse et à la compréhension d'un texte. Ce que Romainville (1998) a confirmé, par ailleurs, auprès d'une clientèle belge. Certains ont de la difficulté à isoler les mots clés d'un texte et à dissocier les idées principales ou les concepts en cause. Plusieurs ne parviennent pas à contextualiser un terme à cause d'une mauvaise compréhension de ce terme ou des définitions proposées. Cet examen a également fait ressortir la difficulté de plusieurs étudiants à lire un texte simple en anglais et à en dégager l'idée principale, de même qu'à interpréter un tableau statistique simple à double entrée. Enfin, plusieurs n'admettent pas qu'il faille lire plus d'une fois un même texte avant d'en effectuer une analyse et une synthèse.

Problèmes liés au contenu du programme et des cours

Sous ce descripteur sont regroupées les difficultés suivantes :

– comprendre le contenu (les concepts) et les exigences du domaine d'étude : histoire de l'art, administration, enseignement de la danse ;

– saisir les critères d'évaluation ou les exigences du professeur au regard de la réalisation des travaux ou des examens ;

– saisir l'investissement que requiert l'engagement dans un programme d'études.

Ce qui est soulevé ici c'est la difficulté pour les étudiants, principalement ceux de première année, au premier trimestre, d'avoir accès au contenu des cours. Ces étudiants se retrouvent souvent dans des grands groupes. Pour eux, chaque cours devient une séance de décodage : décoder les messages de l'enseignant, la sémantique, le sens des termes techniques. La prise de notes devient un exercice infernal. Deux langages se rencontrent et se mesurent : celui de l'étudiant à travers son « vécu » et celui de l'enseignant à travers son discours disciplinaire. Le croisement des langages, qu'on retrouve à tous les cours et à tous les secteurs d'études, mérite une attention particulière pour qui s'intéresse à l'apprentissage et à l'encadrement des étudiants. Cette attention est d'autant plus nécessaire, que ce discours, souvent implicite au regard de la préparation des travaux et des critères d'évaluation des travaux et des examens[4], augmente la difficulté pour l'étudiant de traiter les informations données en classe.

---

4. Une étude du discours de l'enseignant en danse s'attarde au contenu implicite de ce qu'il véhicule (M. Bruneau, 1995-1996).

Problèmes liés à la gestion de son programme d'études[5]

On retrouve ici les difficultés qui sont associées, dans une certaine mesure, au style de vie des étudiants, c'est-à-dire qu'elles représentent l'ampleur du casse-tête qu'ils ont à maintenir en place pour jongler simultanément avec les exigences scolaires, celles de la vie affective et d'un travail rémunéré. Ils se retrouvent souvent dépassés par les événements et traînent derrière eux des carences qui n'ont pas été abordées explicitement sur le plan de la formation. Ces difficultés sont donc reliées à la gestion de leur vie et de leurs études : temps d'étude (emploi et études) ; cheminement (choix de cours) ; contenus des cours (prise de notes) ; temps de préparation des travaux et des examens ; stress (examens) ; confiance dans ses capacités.

Les difficultés relevées dans ces études sont trop récurrentes pour garder sous silence ce qu'elles laissent comme traces, comme malaises. La mutation du profil étudiant est telle que ces difficultés semblent bien être le lot d'une génération dont on peut se plaindre, mais dont on a toujours la mission de la mener aux savoirs, à la liberté d'être et d'agir de façon autonome et responsable. Face à cette réalité incontournable, nous nous sommes demandé si les difficultés relevées chez les étudiants étaient identifiées de la même manière par les cinq professeurs interrogés et par les moniteurs responsables du monitorat au département de Sciences administratives. Nos résultats concernent plus spécifiquement cette dernière étude, d'une part, parce que le programme de monitorat s'adressait à une large clientèle étudiante soit 7 602 étudiants, dont 701 se sont prévalus du monitorat. D'autre part, le *monitorat* avait cette particularité d'être une structure d'encadrement individualisé conçue et gérée par des étudiants. Les difficultés ont été répertoriées par voie de sondage téléphonique auprès des étudiants choisis au hasard (n=40), par des entrevues effectuées auprès des professeurs et lors du *focus group* organisé avec les moniteurs.

Le tableau qui suit met en parallèle les difficultés telles qu'elles ont été identifiées par les étudiants, les professeurs et les moniteurs interrogés sur cette question. Un écart semble se creuser entre les perceptions des étudiants et des professeurs et relever d'une conception de l'apprentissage et de l'enseignement qui remet à l'étudiant la responsabilité de l'intégration et du transfert des apprentissages. On peut comprendre, dans cette optique, que l'évaluation soit pour l'étudiant le moteur de ses

---

5. Un programme de soutien et d'aide à l'apprentissage est mis en place pour combler ces lacunes à l'UQAM et se présente sous forme d'ateliers : gestion du temps, gestion du stress, prise de notes, préparation à un examen.

préoccupations qui se transforment en difficultés de tout ordre. Les moniteurs, qui ont souvent l'âge de l'étudiant, présentent une perception plus nuancée, notamment sur le manque de confiance que manifeste l'étudiant en sa capacité de réussir un cours.

Tableau 2. Comparaison des difficultés telles que perçues par les étudiants, les professeurs et les moniteurs (Bruneau, 1996)

Répartition des difficultés selon la typologie	Difficultés identifiées par les étudiants	Difficultés identifiées par les moniteurs	Difficultés identifiées par les professeurs
Difficultés reliées à la formation de base et aux préalables (méthodologie) 18% *	Préparer un examen Organiser ses notes Effectuer une recherche bibliographique	Interpréter un problème (lire le contenu de l'énoncé) Manque de préalables	Manque d'habileté d'analyse, de jugement, d'auto-évaluation Absence de préalables chez les adultes Carence dans la maîtrise du français Écart culturel, façon de concevoir la réalité Manque d'imagination
Difficultés reliées au contenu des cours et des programmes 77 %	Comprendre le contenu des cours Comprendre les exigences des professeurs (travaux, exercices) Comprendre les exigences attendues des examens	Comprendre la matière Faire des liens, des transferts entre les contenus, les procédures	Effectuer des transferts de connaissance
Difficultés reliées à la gestion de ses études 5 %	Organiser son temps	Organiser son temps (dernière minute) Manque de confiance en sa capacité de réussite	Gérer son temps de travail à l'extérieur Gérer le stress engendré par les examens

* Résultats tirés de l'enquête téléphonique

D'autres études, rapportées par Langevin (1996), ont mis au jour des besoins de type plus général, tels les besoins de garder l'intérêt pour la discipline, de recevoir des enseignements de plus grande qualité, des services diversifiés, de faire des stages coopératifs, d'obtenir du soutien portant plus précisément sur la gestion du stress, les habiletés d'écriture et d'expression verbale, les mathématiques, la planification, l'ouverture aux autres, la croissance personnelle et les relations chaleureuses. On constate que les mêmes besoins affectifs se manifestent chez tous les étudiants, quels que soient leur âge et leur statut : ils ont besoin de sentir qu'ils ont de l'importance auprès du professeur et ils désirent avoir des relations positives avec leurs collègues et les professeurs.

▶ L'étudiant dans sa relation avec l'enseignant

On insiste beaucoup, depuis quelques années, sur l'importance de la *pratique réflexive.* Cette pratique signifie, d'abord, une réalité évidente qui fait que tout praticien réfléchit constamment sur son action : le praticien réfléchit *avant* son action en planifiant, *pendant* son action en rajustant constamment son comportement, *après* son action, en la revoyant dans sa tête et en estimant ses effets réussis ou non. Mais, avant même toute action, en enseignement comme dans de nombreux métiers, cette réflexion porte sur soi et sa pratique, et sur ceux qui en sont touchés. La pratique réflexive permet de se voir et de réaliser que l'enseignement constitue « une sorte de programmation de la valorisation de l'autre et de la permanence de la vulnérabilité » (Langevin et Villeneuve, 1997, p.11). Enseigner, c'est chercher à valoriser ses étudiants en leur montrant qu'ils peuvent réussir, tout en acceptant pour soi de vivre la vulnérabilité, c'est-à-dire les remises en questions, les échecs, les malentendus, les recommencements et tous les impondérables d'un métier de *mise en relation.*

Une relation complexe

Qu'est-ce qui caractérise la relation professeur/étudiant ? Cette relation apparaît à la fois utilitaire, imposée, fortuite, passagère, mais également marquante, ambiguë, médiatisée et à un double plan.

Cette relation est essentiellement de type *utilitaire,* c'est-à-dire qu'elle existe dans un but qui ne vise pas la relation elle-même, mais un objet extérieur aux personnes. Les deux partenaires sont là pour atteindre des objectifs d'apprentissage prédéfinis par un programme et non parce qu'ils visent la relation en soi. Cette relation est *imposée* puisque ni le professeur ni les étudiants ne se sont choisis mais doivent apprendre à vivre ensemble quelques heures par semaine durant un nombre déterminé de semaines. Cette relation est *fortuite* car c'est un hasard qui a fait que *ce* professeur-là se retrouve avec *ces* étudiants-là. Cette relation demeure *passagère* et de courte durée. En revanche, même passagère, elle peut se révéler *marquante* pour certains individus. Qui n'a pas dans sa mémoire un professeur qui a eu une influence considérable sur certains choix de vie ou même plus profondément sur un idéal secret à atteindre ? Cette relation se révèle *ambiguë*, car ni le professeur ni les étudiants n'ont de lignes très claires quant aux limites de l'évolution de la relation qu'ils vont vivre ensemble. On sait, d'ailleurs, combien ces limites varient selon les époques, l'écart des âges entre les deux parties et les conceptions prévalant quant au statut de l'un et des autres. Cette relation se trouve entièrement *médiatisée* puisqu'elle se tisse autour d'un objet à enseigner et à apprendre.

Enfin, cette relation se situe sur un *double plan*. D'abord, au plan cognitif, puisque l'objectif premier est de réussir les apprentissages au programme. Ensuite, au plan affectif, puisque l'apprentissage est imprégné d'affectivité et que, pour paraphraser certains auteurs (Aspy *et al.*, 1991) « on n'apprend pas d'un professeur qu'on n'aime pas ». Même si cette constatation a souvent été faite pour les élèves des niveaux primaire et secondaire, elle demeure vraie en bonne partie pour les jeunes adultes et pour les adultes de retour aux études. Il s'agit donc d'un contexte relationnel bien spécifique où la relation est construite au quotidien, entre des gens qui ne se sont pas choisis, autour d'un objet central qui est la matière au programme.

Une autre caractéristique de la relation professeur/étudiant fait référence au fait qu'il s'agit d'une relation allant du groupe à l'individu et à l'enseignant. C'est à partir de ce groupe que le professeur va établir une relation qui va développer des ramifications vers les individus. Il s'agit donc d'une relation qui s'établit entre l'enseignant et les étudiants, à travers le prétexte de l'apprentissage, en vue de stimuler ces derniers à réussir leurs apprentissages scolaires et personnels. La relation enseignant/étudiant comporte donc diverses caractéristiques, déterminées par le contexte et la finalité du rapport. C'est une relation *empathique*, tant sur le plan cognitif qu'affectif : le professeur doit être capable d'adopter le point de vue de ses étudiants tout en demeurant lui-même. C'est une relation *de collaboration*, car l'étudiant doit être impliqué avec l'enseignant dans la résolution des problèmes (comment résoudre telle équation ou analyser tel texte, par exemple) d'ordre académique ou d'ordre socio-affectif (comment prendre sa place dans une équipe de travail ou s'exprimer devant la classe, par exemple). C'est donc une relation orientée dans le sens de la *résolution de problèmes* cognitifs, affectifs et pratiques. C'est aussi une relation teintée de *contradictions* car, selon Meirieu (1993, p. 85), si l'étudiant doit « faire quelque chose qu'[il] ne sait pas faire pour apprendre à la faire », le professeur doit « tout faire en ne faisant rien », c'est-à-dire qu'il doit utiliser des médiations qui tiennent compte des besoins de l'étudiant et du but de la rencontre, mais également il doit laisser une place pour que l'étudiant fasse lui-même sa démarche. La relation d'aide à la réussite, qui s'établit du professeur à l'étudiant, est en somme constituée des divers moyens mis en œuvre par le professeur pour guider, soutenir, valoriser, outiller celui et celle qui apprend en vue de maximiser son pouvoir personnel de réussite.

Une relation teintée de contradictions

Tout être humain est essentiellement un être de contradictions et les enseignants n'échappent pas à cette règle. On peut ainsi se demander quelle est leur raison d'être et d'agir, sinon la réussite des étudiants ! N'est-ce pas une évidence incontournable ? Pourtant, trop souvent l'étudiant se pose la question et y apporte une réponse tout autre (« jeu de pouvoir, nous *écœurer, nous éliminer, nous montrer qu'on sait rien, qu'on vaut rien…* »). Comme tout individu, le professeur d'université n'est pas à une contradiction près. En voici quelques-unes.

Première contradiction. Le professeur veut bien que ses étudiants réussissent, mais il veut affirmer son pouvoir sur ce chemin de la réussite qu'il conçoit avec précision et qu'il entend bien imposer à ses étudiants. Cependant, le pouvoir prend différents visages. De noble et valeureux quand il s'agit de s'attribuer les succès des étudiants, ce pouvoir devient occulté quand il s'agit des échecs officiels, et nié, quand on examine le climat de la classe. Les recherches ont clairement démontré que les enseignants du primaire s'attribuent les réussites de leurs étudiants mais n'endossent pas la responsabilité de leurs échecs qu'ils attribuent plutôt à la paresse ou aux limites personnelles de l'étudiant, ou encore, à son milieu social et familial. L'enseignant est certain que la réussite de ses étudiants dépend presque exclusivement de ces derniers, de leur potentiel, de leurs acquis, de leur bonne volonté, de leur motivation, bref, de ces éléments plus ou moins définissables qui échappent à son contrôle. Quant au climat de classe, combien d'enseignants en rendent leurs étudiants entièrement responsables, qualifiant ceux-ci de *bon groupe* et ceux-là de *mauvais groupe*, et ne se questionnent pas sur leur part de responsabilité dans tout ça ? Les professeurs de l'enseignement supérieur ne diffèrent sans doute pas de leurs collègues. Perrenoud (1998) a décrit, dans *Recherche et Formation*, dix phénomènes qui caractérisent la pratique pédagogique des enseignants moyens. Il note que la plupart d'entre eux demeurent à l'état de tabou, particulièrement celui du «pouvoir honteux » des enseignants, lequel n'est pas bien vu en milieu enseignant. Les enseignants, note-t-il, expriment une certaine ambivalence face à l'exercice du pouvoir et ils osent encore moins reconnaître qu'ils peuvent en retirer un certain plaisir. Or, on ne peut nier ce pouvoir qui s'exerce sur bien des plans et de bien des façons.

Deuxième contradiction. L'enseignant veut bien que ses étudiants réussissent, mais il est convaincu que le quart ou même le tiers d'entre eux n'en ont pas les capacités et cette conviction s'observe davantage avec l'augmentation du niveau scolaire. Or, la pédagogie de la maîtrise ou *Mastery Learning*, qui a connu ses années de gloire dans les années 1980 à 1990, a bien démontré que la célèbre courbe de Gauss, dite normale, ne constituait qu'une vue de l'esprit et qu'il était possible de faire en sorte que plus de 80 % des étudiants réussissent. Encore aujourd'hui, bien des professeurs ont cette courbe en tête quand ils enseignent à leurs étudiants, et si, par hasard, ces derniers réussissent tous un cours, ils se demandent si leurs exigences étaient trop faibles.

Troisième contradiction. L'enseignant veut être apprécié de ses étudiants et même aimé. Même ceux qui nient ce besoin le ressentent à leur « cœur » défendant. Cependant, s'il met tout en œuvre pour que ses étudiants l'apprécient, le professeur oublie parfois que cette estime se fonde avant tout sur un échange réciproque. Pour que ses étudiants l'apprécient, il faut que ceux-ci se sentent eux-mêmes appréciés et partie prenante de ce qui se passe dans la classe. Or, le professeur de l'enseignement supérieur oublie souvent cet échange essentiel pour se confiner à son propre discours.

Quatrième contradiction. L'enseignant veut que ses étudiants travaillent et s'engagent dans leur apprentissage, mais trop souvent il fait tout, ou presque, à leur place. Il parle pour eux, il pense pour eux, il donne les questions et les réponses, il s'essouffle à monter un spectacle sans que les acteurs-figurants n'aient su ni sur quoi se préparer, ni comment. Plus il sent la salle indifférente, plus il en remet. N'obtenant pas la réaction anticipée, il réagit en se drapant dans une hauteur dédaigneuse, accusant en lui-même ses étudiants de passivité et de médiocrité, voire même d'insuffisance intellectuelle. Parfois, il se promet de les attendre au détour du chemin, c'est-à-dire à l'examen. Et c'est alors le jeu du chat et de la souris qui prend place. Combien de souris ont survécu à cette chasse sournoise ?

Pour peu que le professeur réfléchisse sur ses convictions personnelles, il se retrouve au cœur de ses propres contradictions. Pourtant, c'est bien évident : la réussite de l'enseignement d'un professeur se constate de bien des façons : les étudiants apprécient son cours et le lui signifient de bien des manières ; ils se montrent intéressés en classe ; les groupes sont complets sans que l'on doive enregistrer les présences ; les résultats aux travaux et aux examens sont positifs pour la majorité des étudiants. En somme, réussir dans son enseignement, c'est voir réussir ses étudiants en les voyant s'activer intellectuellement dans et hors cours.

• *Une relation où l'enseignant devrait « tout faire en ne faisant rien »*

Ce défi de « tout faire en ne faisant rien » peut adopter des proportions abordables si on le transforme en une question qui peut sembler revêtir un petit côté cynique mais qui nous renvoie à nos convictions profondes et à la logique des décisions pédagogiques que nous prenons. Cette question est la suivante : « Comment faire en sorte que mes étudiants travaillent plus que moi ? ». C'est une question qu'un formateur de maîtres doit poser à ses étudiants/futurs enseignants et qui peut les faire un peu sourire. C'est une question que les professeurs, expérimentés ou non, devraient aussi se poser. Pour ceux qui sont convaincus que l'apprentissage se réalise en agissant, en réfléchissant, en produisant, les cours peuvent être conçus un peu comme une partie de foot ou de hockey où tous les joueurs courent ou patinent. Dans leur rôle d'entraîneurs, les professeurs auront alors prévu les uniformes avec les protections adéquates, les règles pour permettre à tous d'évoluer sur le champ ou la glace, et ils auront conçu les jeux et les tactiques en donnant la chance aux joueurs de les intégrer dans la pratique. Comme il est déjà très exigeant de penser à tout ça, il faut éviter de jouer à la place des joueurs tout en permettant à tous d'avoir leur place dans le jeu. Concrètement, cela signifie que le professeur doit quitter le terrain pour rester en bordure, là où il planifie des tactiques, distribue des tâches et encourage les joueurs en ajoutant au besoin des recommandations et des explications. C'est l'étudiant qui doit être au centre, avec ses coéquipiers, et tous doivent collaborer pour gagner la partie contre les échecs et les abandons d'abord, mais aussi contre la démotivation, le désengagement, la médiocrité. C'est en réfléchissant aux cours et aux pédagogies comme à des problèmes à résoudre qu'il est possible de parvenir à se centrer sur les étudiants. C'est en examinant qui sont les étudiants que les professeurs pourront développer des stratégies pertinentes.

• *Une relation teintée d'attentes préalables*

Une recherche menée au Canada anglais (Langevin, 1996) sur l'expérience universitaire de 3 312 étudiants de 8 universités, a permis de dégager cinq aspects qui étaient considérés comme très importants par les répondants au regard de l'expérience universitaire. La qualité de l'enseignement importait pour 86 % des étudiants, suivie du gel des frais de scolarité (78 %), des services offerts aux étudiants (63 %), des stages coopératifs (58 %) et du soutien scolaire (51 %).

À l'université de Montréal, dans une enquête sur la persévérance aux études de premier cycle, les chercheurs (Crespo et Houle, 1995) ont constaté que plus de 50 % des répondants, qu'ils soient décrocheurs ou non, déploraient la piètre qualité de la pédagogie.

À l'Université du Québec à Montréal, les responsables des services à la vie étudiante ont procédé, au moyen de groupes centrés (*focus group*), à un inventaire des besoins étudiants dans l'aide et le soutien aux études, et ils ont constaté que, pour les étudiants « la qualité des enseignements se trouve au cœur de leurs préoccupations. Ils sont insatisfaits de la pédagogie et ont l'impression que l'évaluation des enseignements est inutile. » (Langevin, 1996, p. 235).

Par ailleurs, 200 étudiants, de niveau collégial (DEUG), interrogés sur leur conception de la réussite, y associent une fonction utilitaire, dépassant la sphère scolaire, tout en exprimant des attentes envers leurs professeurs. Ces attentes rejoignent cinq grandes préoccupations (Conseil supérieur de l'Éducation, 1995) qui concernent les contacts avec le professeur, l'enseignement et la gestion de classe.

1. Les étudiants souhaitent de la disponibilité hors cours et surtout de la disponibilité pour des contacts plus personnalisés.

2. Les étudiants s'attendent à un rapport de respect avec un guide et non un patron, une personne qui se montre intéressée à ce que ses étudiants disent, pensent et font.

3. Les étudiants réclament une démarche visant à la compréhension de la matière à l'étude. Pour cela, ils souhaitent que les professeurs se centrent sur les méthodes et pas juste sur les notes, soient interactifs, expliquent de façons variées, sortent du texte pour l'enrichir, fassent des liens avec la vraie vie, proposent des projets, donnent le droit à l'erreur et à la question, donnent du feedback, partagent efforts, persévérance et fierté. Enfin, ils veulent des professeurs qui démontrent la compétence de comprendre que l'étudiant peut ne pas comprendre.

4. Les étudiants souhaitent que les professeurs appliquent dans la classe une approche rigoureuse et exigeante : objectifs clairs et cours structuré ; mise à jour du contenu ; lien direct avec le milieu ; limites et consignes claires et précises, et pressions raisonnables.

5. Les étudiants s'attendent à ce que les professeurs démontrent de l'intérêt, de la fierté et de la motivation pour l'enseignement. Fierté d'enseigner la discipline, fierté d'enseigner dans cet établissement et à ce niveau, sentiments qui ont des impacts majeurs sur la valorisation de la démarche et la capacité de s'y engager chez les étudiants.

Selon nous, il est évident que les réponses de ces étudiants présentent une similitude frappante avec plusieurs caractéristiques de l'enseignement stratégique et de l'enseignement centré sur les étudiants. Soulignons, entre autres réclamations des étudiants, l'interactivité, le retour aux connaissances et expériences antérieures, la concrétisation, les liens théorie/pratique, l'évaluation formative, la dimension motivationnelle, etc. D'ailleurs, ces résultats se retrouvent dans des études américaines menées par Metcalfe et Matharu (1995), Karabenick (1992), Hamza (1996) et Tang, (1994), ce dernier ayant soumis un questionnaire à 6 000 étudiants inscrits en administration. Cependant, les étudiants qui préfèrent des méthodes interactives et de synthèse sont ceux qui ont tendance à étudier plus en profondeur, c'est-à-dire à chercher à comprendre et à analyser (Entwistle et Tait, 1993).

• *Une relation teintée d'attentes contradictoires de la part des étudiants*

Les perceptions des étudiants et celles des enseignants ne coïncident pas toujours... Par exemple, à l'université de Porto Rico (Negron-Morales *et al.*, 1996) 180 étudiants soulignaient, contrairement aux 29 professeurs questionnés, que les recours aux contrôles rigoureux étaient fréquemment utilisés alors que l'encouragement, le soutien et une rétroaction rapide l'étaient beaucoup moins. De même, les attentes des étudiants les plus souvent mentionnées l'étaient rarement de la part des professeurs tant sur le plan des relations que sur celui des méthodes pédagogiques (Litke, 1995 ; Liow *et al.*, 1993). De telles constatations ne peuvent manquer de nous alerter quant aux perspectives des uns et des autres qui risquent de ne jamais coïncider. Si bien des enseignants désirent renouveler leur enseignement, si plusieurs croient agir de telle ou telle manière, qu'en est-il des perceptions de leurs étudiants ?

Il n'est pas surprenant de constater que, généralement, les étudiants apprécient un enseignement selon la personnalité du professeur qui a recours à une diversité de moyens pour favoriser l'apprentissage et la réussite ainsi que des relations harmonieuses en classe. En revanche, les étudiants sont habitués à un style plutôt transmissif d'enseignement et ils ne désirent pas nécessairement toujours vivre des pédagogies centrées sur eux. Ainsi, dans l'évaluation d'une expérience prolongée d'apprentissage coopératif dans des cours auprès d'étudiants en formation des maîtres (Herbster et Hannula, 1992), une forte majorité a déclaré que cette expérience a été positive en améliorant leur apprentissage et leurs habiletés sociales, mais plusieurs désiraient des méthodes plus traditionnelles d'enseignement. Les auteurs ont conclu que l'apprentissage coopératif ne doit pas remplacer l'enseignement traditionnel, mais servir comme variante parmi les stratégies actuellement efficaces. Plus près de nous, des réactions semblables ont pu être constatées lors d'évaluations de certains cours par des étudiants dont certains trouvaient trop exigeante une participation active car, après tout, « c'est au prof d'enseigner ! » ont-ils souligné. Ils désirent des enseignants compétents, bien sûr, mais quelles limites placent-ils à leur propre participation dans les cours ? La connaissance des représentations étudiantes de l'apprentissage et des moyens jugés aidants peut aider les professeurs à mieux adapter leur action.

Que révèlent spontanément des étudiants sur leurs perceptions des professeurs d'université ? Dans une enquête récente (Langevin et Bruneau, décembre 1999), nous avons demandé à des étudiants de premier cycle de l'UQAM de compléter la phrase suivante : « Un professeur d'université, c'est… » Cette formulation pouvait laisser toutes les possibilités de réponses et, à notre grande surprise, seulement 14 % ont identifié des caractéristiques négatives ou se sont montrés sarcastiques. Des 190 répondants dont nous avons pu enregistrer les réponses écrites, 516 unités de réponses ont été compilées et réparties ainsi :

– 31 % constituent des traits de personnalité dont 91 % de traits positifs ;

– 35 % constituent des traits professionnels dont 88 % de traits positifs ;

– 34 % se rapportent à des comportements en classe dont 47 % de cet ensemble sont en lien avec la transmission, 21 % en lien avec les stratégies, 29 % en lien avec la relation psychoaffective et 3 % d'unités négatives.

Dans les trois catégories, la plupart des réponses réfèrent à une image plutôt idéale du professeur d'université. Les étudiants, en plus grand nombre, décrivent surtout des professeurs disponibles, intéressants, dynamiques, structurés et ouverts (144 réponses). À l'inverse, seulement 15 réponses les décrivent comme des êtres confus, ennuyants, pas structurés, froids, désireux d'impressionner, imbus d'eux-mêmes et la tête dans les nuages. Au plan strictement professionnel, 157 réponses identifient des traits positifs chez les professeurs : maîtrisent leur matière, très expérimentés dans leur domaine, sont passionnés, partagent leurs connaissances, possèdent des compétences pédagogiques. Par contre, seulement 22 réponses soulignent des traits professionnels négatifs : manque de pédagogie, d'organisation, de temps, de disponibilité, d'intérêt pour les étudiants, ne voient rien en dehors de leur spécialité. Enfin, 172 réponses portent sur des comportements positifs en classe : transmettent leur passion et le goût d'apprendre, relient théorie et pratique, savent vulgariser, poussent à aller plus loin, aident à apprendre, motivent et stimulent, sont à l'écoute des étudiants. Inversement, 6 réponses portent sur des comportements négatifs comme parler trop longtemps, ne pas appliquer ce qu'ils disent et endormir les étudiants.

Dans ces perceptions, on retrouve les attentes des étudiants quant aux comportements professionnels et personnels que devraient démontrer les professeurs ainsi que cet intense besoin d'admirer quelqu'un, d'avoir un modèle, de pouvoir communiquer et de respirer en quelque sorte un air différent de celui de la vie de tous les jours, bref, une situation exaltante, qui tient en haleine et qui fait qu'on se découvre des ressources insoup-çonnées. La note d'un étudiant d'études littéraires traduit bien ce senti-ment croyons-nous : « Un professeur d'université c'est un espace de liberté, un espace de parole. » Voilà qui devrait rendre songeur plus d'un professeur de l'enseignement supérieur ! La liberté de qui ? Du maître à penser ? De l'étudiant, invité à réfléchir et à découvrir ? L'espace de parole entre les deux ou de l'un aux autres ? Et puis, cet espace, comment et par qui est-il occupé ou devrait-il être occupé ?

▶ L'étudiant dans son rapport au savoir

Des conceptions de l'apprentissage

Les études bien connues de Marton *et al.* (1993) ont permis d'isoler six conceptions de ce qu'est apprendre selon les étudiants : 1) augmenter ses connaissances, 2) mémoriser, 3) reproduire ou appliquer, 4) com-prendre, 5) interpréter les connaissances d'une façon nouvelle, 6) chan-ger en tant que personne. À partir de cette taxonomie, Romainville (1993) a observé que 45,7 % des étudiants de 1er cycle d'une université belge optaient pour une conception très scolaire de l'apprentissage : apprendre c'est mémoriser et étudier… souvent *en surface*, pour pouvoir réussir l'examen prévu.

Dans deux études récentes (Langevin, Bruneau, Thériault, 1999 ; Langevin et Bruneau, 2000), dont la première visait à saisir les représen-tations sur l'apprentissage qu'avaient 332 étudiants de l'Université de Lyon et de l'Université du Québec à Montréal, on a demandé de complé-ter la phrase suivante : « Apprendre c'est… ». Les répondants étaient ins-crits au baccalauréat ou en licence, pour la majorité, et à la maîtrise pour quelques-uns. Deux groupes sur dix seulement provenaient du Québec (n=48, soit 14 %).

La compilation des réponses a permis de constater que la représentation de ce qu'est *apprendre* avait dépassé celle de la rétention simple de l'infor-mation en vue de préparer un examen, pour se situer davantage sur l'appli-cation de connaissances dans une perspective d'utilité future. Ainsi, sur 332 étudiants, un seul répondant a associé la mémorisation à l'acte d'apprendre. Il est apparu qu'on estime tout aussi important l'acquisition des nouvelles connaissances (27 %), le désir d'évoluer comme individu (26 %) et la né-cessité d'appliquer ces connaissances en vue de leur attribuer une visée uti-litaire (22 %), c'est-à-dire en regard d'une fonction sociale déterminée. Ainsi, l'activité d'apprendre s'inscrit dans une représentation dynamique et inclusive de l'apprentissage, qui mobilise l'apprenant vers de nouvelles connaissances, ces dernières constituant la base des apprentissages subséquents. Ces connaissances sont importantes et ont du sens dans la mesure où elles permettent de solutionner des problèmes contextualisés et tirés de pratiques professionnelles de référence.

La deuxième étude a porté sur les représentations de l'apprentissage de 221 étudiants inscrits au 1er cycle à l'université du Québec à Montréal, mais cette fois on y précisait « apprendre *à l'université* c'est... ». Cette spécification a sans doute influencé les réponses en ramenant les répondants au contexte actuel et non à des concepts plus théoriques. L'échantillon était réparti ainsi : Éducation (70 ou 31,6 %) ; Comptabilité (63 ou 28,5 %) ; Études littéraires (55 ou 24,8 %) ; Sciences juridiques (33 ou 14,9 %). Globalement, les représentations se distribuaient ainsi :

**Tableau 3. Représentation de ce qu'est « apprendre à l'université »
pour des étudiants de 1er cycle**

(N=221)	Résultats
Acquérir	98 (44,3 %)
Évoluer	78 (35,3 %)
Appliquer	72 (32,6 %)
Comprendre	13 (5,9 %)
Mémoriser	3 (1,4 %)
Autres	75 (33,9 %)
Sans réponse	1 (0,5 %)

On peut comparer ces résultats avec les précédents obtenus auprès d'étudiants surtout inscrits dans des filières reliées à l'éducation (86 %). L'ordre d'importance est le même dans les deux groupes : acquérir (27 %-44 %), évoluer (26 %-35 %), appliquer (22 %-32 %), comprendre (17 %-6 %), mémoriser (0 %-1,4 %). Toutefois, la dimension d'acquisition est plus importante dans l'échantillon de 221 étudiants de l'UQAM, ce qui s'explique peut-être par le fait que les deux tiers des étudiants proviennent des programmes de comptabilité, de littérature et de sciences juridiques. L'autre tiers est constitué d'étudiants inscrits en formation des maîtres pour qui apprendre à l'université c'est surtout appliquer (39 %), acquérir (30%), évoluer (26 %) et surtout bien d'autres choses qui provoquent des émotions (autres = 40 %), alors que comprendre et mémoriser sont peu reliés au fait d'apprendre (4% et 1%).

Étant donné son importance (le tiers des réponses), la catégorie *autres* mérite qu'on s'y arrête car, puisque la question était contextualisée (apprendre à l'université…), les étudiants y révèlent à la fois leur état d'âme en fin de trimestre, juste avant les vacances de Noël, en pleine période d'examens et de remises de travaux. Nous leur avons laissé la parole :

– *Apprendre est exigeant :* « Apprendre c'est difficile mais utile ! ; Ce n'est pas toujours intéressant. C'est surtout prendre des notes et faire beaucoup de lecture. Apprendre à concilier travail, études, famille et maison. Étudier. Suivre attentivement les cours, étudier, faire les exercices suggérés. Se débrouiller et planifier son temps ».

– *Apprendre est stimulant :* « Stimulant ! C'est investir un domaine qui nous tient à cœur. Stressant, mais stimulant. C'est comme du caramel : ça fatigue la mâchoire, mais c'est drôlement bon ! C'est très motivant et stressant. C'est un défi. »

– *Apprendre est coûteux :* « C'est débourser beaucoup d'argent. C'est s'endetter sans avoir une garantie d'emploi. »

– *Apprendre donne du plaisir :* « C'est plaisant. Intéressant. »

– *Apprendre est parfois absurde :* « User ses jeans sur les chaises scolaires, faire de la recherche dans des bibliothèques déficientes pour faire des travaux. »

– *Apprendre est valorisant :* « C'est valorisant lorsqu'on aime ça et quand on a de bons professeurs. Intéressant et valorisant. »

– *Apprendre est un acte social :* « Rencontrer des gens avec qui on a des affinités. C'est participer au cours »

– *Apprendre est important :* « Important. C'est sacré ! C'est essentiel. »

• *Des conceptions de l'aide à l'apprentissage*

On a aussi demandé à des étudiants d'identifier « pour chacun des 54 items suivants, ce qui aide et a aidé à apprendre dans ce cours » (Langevin, Bruneau et Thériault, 1999). Les réponses ont sans doute été fournies en relation avec l'expérience immédiate vécue dans ce cadre. Nous avons voulu *contextualiser* ainsi la question afin d'éviter les réponses données dans l'idéal.

Sur l'ensemble des réponses enregistrées, 50 % s'appliquent aux stratégies pédagogiques comme facteurs aidant à l'apprentissage. Le rôle du professeur, ses choix pédagogiques, ses capacités de transposition didactique sont considérés comme des facteurs déterminants dans la réussite de l'étudiant ou à tout le moins dans le fait d'apprendre. La présence significative du professeur demeure essentielle et 25 % des réponses portent sur cet aspect. Plus du quart des réponses, soit 26 %, porte sur l'investissement des étudiants en termes de travail personnel et d'interactions significatives avec les pairs. Par ailleurs, il est intéressant de noter que spontanément l'étudiant n'associe pas à l'évaluation une fonction de formation et de régulation : de fait, sur 396 items, deux seulement concernaient l'évaluation. Tout se passe comme si l'évaluation restait une réalité appartenant exclusivement au professeur à laquelle l'étudiant n'est aucunement associé.

Des conceptions de la réussite

Le premier besoin des étudiants est, sans aucun doute, celui de réussir leurs études. Mais quelles conceptions ont-ils de la réussite ? Selon diverses sources (Rivière, Sauvé et Jacques, 1997 ; Conseil supérieur de l'Éducation, 1995), les étudiants ont une conception plutôt instrumentale de la réussite. Cela signifie que pour eux, la réussite scolaire est indissociable de la réussite personnelle et professionnelle. Réussir comprend l'idée de développement, de découverte, de progrès, de connaissances, acquises mais aussi maîtrisées, utilisables et transférables. En fait, on a réussi quand on a développé son autonomie et obtenu un passeport pour l'emploi. La réussite dépasse les frontières du scolaire et s'inscrit dans un ensemble d'activités et d'engagements qui sont constitués de réalisations tant sur le plan scolaire que social et professionnel. Réussir ses cours fait donc partie d'un ensemble beaucoup plus vaste et n'a de sens que si cela permet le développement de la personne et son insertion sociale. Cette conception de la réussite observée chez des jeunes Québécois se retrouve également chez les jeunes Français : « Pour certains, réussir sa vie passe par une reconnaissance sociale […]. Pour d'autres, la réussite est d'abord une question d'épanouissement personnel » (Bajoit et Franssen, rapporté dans Frenay, 1998, p. 29).

▶ Conclusion

Les étudiants sont-ils des acteurs à la recherche d'un rôle ? Leurs visages multiples, leurs errances entre les diverses sphères de leur vie, leurs besoins nombreux et contradictoires, leurs attentes et leurs conceptions, tout cela fait que leur rôle n'est pas toujours clairement défini, coincés comme ils sont entre la dépendance et l'autonomie, la persévérance et l'abandon, l'apprentissage en surface et en profondeur. C'est au professeur à aider l'étudiant à se définir, car lui-même doit demeurer vigilant face à l'écart observable entre ses propres perceptions et conceptions et celles de ses étudiants qu'il ne connaît pas toujours très bien. Il faudra donc bien des études conduites auprès de ces derniers pour saisir toute la complexité de leur existence. Il faudra aussi ajuster l'enseignement selon ce que l'on connaît déjà, en commençant par la communication dans la salle de cours. C'est ce que nous explorons dans le chapitre suivant.

ANNEXE

**Comparaison des parcours scolaires français et québécois
au postsecondaire**

Québec	France
Durée totale du DÉS : 12 ans Âge normal : 17 ans	Durée totale du Baccalauréat : 13 ans Âge normal : 18 ans
Début de l'enseignement supérieur	Début de l'enseignement supérieur
CÉGEP : 2 ans au secteur préuniversitaire (17 à 18 ans) ou 3 ans au secteur technique (17 à 19 ans)	
Université 1er cycle : 3 ou 4 ans pour les baccalauréats (20 ans et plus)	Université 1er cycle : entrée à 18 ans DEUG après 2 ans

On constate que le DEUG chevauche le niveau collégial québécois.

3

Comment mettre en scène la communication en classe ?

Enseigner, c'est communiquer. Communiquer un contenu de connaissances, bien sûr, mais c'est d'abord communiquer avec des personnes. Or, réfléchir sur la communication oblige à prendre en compte les formes tant verbales que non verbales, les obstacles inhérents, les buts, les récepteurs, les objets à communiquer, le contexte.

Dans le cas de la communication en classe, le contexte se caractérise par sa complexité. Le cours, ou la classe, est inséré dans une institution qui porte ses propres valeurs, ses règles implicites et explicites, bref, son curriculum « caché » en plus du curriculum officiel inscrit dans les programmes et les descripteurs de cours. Ce curriculum caché, c'est tout le climat, c'est toute la vie interne, c'est toute la mentalité du milieu qui influencent la classe et le type de communication qui y règne. Les contraintes sociales font partie de ce contexte car chacun ne peut y agir à sa guise, et bien qu'implicites, les règles y sont omniprésentes. Les professeurs, comme les étudiants, doivent agir de telle et telle façon. Tous les acteurs doivent y jouer un rôle défini que nul, ou presque, ne conteste. D'ailleurs, les contestataires en sont vite expulsés ou se retirent d'eux-mêmes. C'est ainsi que le sujet principal, l'étudiant, ne forme pas un bloc monolithique, mais se présente en une variété considérable. La communication se trouve donc inévitablement projetée en tous sens comme dans une pièce dont les murs recouverts de miroirs plus ou moins déformants renvoient des images changeantes de la réalité en se superposant sans cesse les unes aux autres. Il s'agit donc d'un environnement riche, peuplé d'êtres différents, avec des paroles multiples, paroles envoyées en échange ou à sens unique, perdues ou retenues, silencieuses ou explicites, étouffées ou écoutées, stimulantes ou redondantes, créatrices de sens, soporifiques ou même absurdes.

Cet environnement exige une adaptation constante à l'imprévu, particulièrement de la part de celui qui détient le bouton enclencheur de la communication officielle. En effet, dès qu'il appuie sur ce bouton, il doit savoir qu'il déclenche un processus qu'il ne pourra entièrement contrôler mais qu'il devra toutefois baliser pour le maintenir en un mouvement évolutif dans lequel tous les interlocuteurs pourront se sentir participants. La stimulation de ce processus est donc nécessaire de la part du professeur qui va y déployer tout son art et toute sa science. Il communique avec des êtres intentionnels qui ont chacun leurs filtres, leurs visées, leurs résistances, leurs ouvertures. Il sait sans doute que lui-même communique plus ou moins bien, ou différemment de ce qu'il veut communiquer. Il a des intentions parfois ambiguës, parfois ambivalentes, parfois inconscientes, mais aussi parfois très claires, dont il doit prendre conscience dans une réflexion continue et systématique, car la pratique réflexive concerne aussi la communication pratiquée.

La situation éducative est tissée d'un enchevêtrement de désirs, de pensées, de buts, de paroles, de silences, de gestes, de regards et de postures dans laquelle il faut apprendre à vivre à l'aise comme professeur désireux d'y voir aussi les étudiants y prendre une place qui doit être confortable, ce qui n'exclut pas les remises en question, bien au contraire.

La communication dans l'enseignement va donc du non-verbal au verbal, sous-tendue par la communication plus directement didactique qu'il faut littéralement « mettre en scène ». Mais comment ?

▶ La mise en scène de la forme et du fond

Comme pour une pièce de théâtre, l'enseignement est « mis en scène » en quelque sorte. Cette mise en scène sert évidemment à rendre le texte prévu le plus intelligible possible, mais elle devra aussi demeurer assez souple pour que des échanges imprévus puissent s'y tenir sans s'éloigner incongrûment de l'objectif initial, mais au contraire, en l'enrichissant par des points de vue nouveaux et surtout, par la participation de tous les acteurs, tant ceux de la scène, que ceux dans la salle. La forme doit donc être soignée, afin que le fond devienne limpide et attractif. Le professeur fait alors office de metteur en scène qui prévoit les façons d'aborder la pièce, la place et les gestes qui devront être précisés, les soutiens techniques qui viendront éclairer ces nouvelles réalités, les rôles des différents acteurs. Cette mise en scène méticuleuse oblige à réfléchir sur la communication non verbale, sur la communication verbale, sur les supports techniques et, bien sûr, sur la communication didactique.

• *La communication non verbale en fond de scène* [1]

La communication non verbale englobe tout ce qui n'inclut pas les échanges proprement verbaux, lesquels font appel à une langue présumée connue et partagée entre les interlocuteurs. Elle inclut donc le paraverbal ou le paralangage, c'est-à-dire ce qui accompagne le discours verbal : rythme, intensité, volume, etc.

Essentiellement, la communication non verbale présente quatre grandes caractéristiques : 1) Elle est *continue*, car on ne peut pas ne pas communiquer. 2) Elle *transmet des émotions* et en ce sens elle représente un formidable outil pour le professeur. 3) Elle est *riche de significations* et peut ainsi se substituer au mot. 4) Elle peut être *source de confusion* car l'interprétation que nous en faisons risque souvent d'être fausse, puisqu'elle est biaisée par nos propres représentations et expériences. Dans la classe, que signifient au juste cet air interrogatif chez tel étudiant, ce froncement de sourcils chez tel autre, ce bâillement chez celui-ci et ce griffonnage incessant chez celle-là pendant que le professeur parle ?

Bien utilisée, la dimension non verbale fournit un support aux propos, elle permet de saisir les sens possibles des comportements manifestes des étudiants, elle ouvre la porte à l'instauration d'un climat favorable aux échanges et à l'émergence d'une communauté d'apprentissage.

Paradoxalement peut-être, le silence fait partie des indices paraverbaux car il joue un grand rôle dans le discours. Dans la classe, le silence et les silencieux tiennent des rôles importants. Ce silence et ces silencieux interrogent le professeur pour qui le silence peut signifier soit l'intérêt concentré, soit la passivité amorphe. Les silencieux envoient des messages également ambigus : sont-ils attentifs ou absents mentalement ? Sont-ils timides ou à court d'idées ? Sont-ils intéressés ou attendent-ils en rêvassant que le temps passe ? Quelle influence ont-ils sur le groupe et sur le cours ? Évidemment, ces questions ne trouvent que rarement des réponses exactes, mais l'expérience de l'enseignement, doublée d'une réflexion sur sa pratique, habilite progressivement le professeur à décrypter les comportements.

Les expressions faciales, les caractéristiques physiques et les postures, les gestes et les mouvements font partie des indices visuels qui jouent un très grand rôle dans la communication. Avant même d'avoir dit

---

1. Quelques sections de cette partie sont inspirées et adaptées d'un texte du cahier de cours EDU2860 intitulé *La relation d'aide dans l'enseignement*. Ce cours fait partie du programme de formation des maîtres à l'Université du Québec à Montréal. Le texte d'origine a été produit et enrichi par plusieurs personnes : F. Dupuy-Sallé, T. Sallé de la Marnière, L. Dupuy-Walker, J.-C. Dupuis et L. Langevin.

un seul mot, les messages visuels projetés influencent l'interlocuteur chez qui une réaction positive ou négative est induite. En classe, les regards des étudiants influencent le discours du professeur tandis que celui-ci utilise aussi son regard pour capter leur attention et les inclure dans ce qui se déroule. Dans sa classe, le professeur qui veut établir un dialogue et animer un échange se tourne vers les étudiants, ouvre souvent les bras comme pour englober son auditoire, s'incline légèrement vers lui, invite chacun, par des gestes et par la rotation de son buste, à participer et à prendre la parole.

L'observation des manifestations non verbales

Dans le cadre d'une classe, il y a tant à observer ! La position corporelle des étudiants quand ils s'expriment et quand ils écoutent ; la coloration de la peau (émotions) ; l'avancement du buste (affirmation) ; le regard porté sur tous (recherche de soutien ou de réaction) ou sur quelques-uns en particulier (recherche de connivence) ; le mouvement des jambes et des pieds (nervosité) ; les gestes d'appui aux mots ou dirigés vers les autres (personnes verbo-motrices) ; le ton de voix (inhabituel ou non, aigu ou étouffé) et le rythme des paroles (saccadé, rapide, irrégulier) ; le gribouillage sur papier (indifférence ou réflexion) ; le mouvement de retrait (désintérêt, mépris ou écoute réfléchie) ; le regard vers d'autres personnes (appel à la complicité ?) ; les bras croisés (fermeture ou contenance) ; les yeux fixes (distraction ou réflexion ?) et d'autres signes marquant l'intérêt ou le désintérêt, l'approbation ou la désapprobation. Tous ces comportements constituent des indices qu'il faut savoir repérer pour ajuster son style d'enseignement et intervenir adéquatement.

Revoir ses comportements non verbaux

L'enseignant, comme tout professionnel de la communication, prend conscience qu'il envoie constamment des messages même s'il croit présenter un air neutre. N'est-ce pas que l'on croit « avoir l'air de rien » quand on réfléchit à un problème ou à une situation qu'on tente de résoudre, ou qu'on est absorbé dans un travail ? Mais peut-on « avoir l'air de rien » ? Hélas, on ne peut pas ne pas communiquer et on communique souvent ce qu'on ne voudrait pas. Divers sentiments peuvent se manifester sur le plan non verbal, alors que leurs porteurs sont convaincus qu'ils n'ont « l'air de rien » ! Mais que perçoivent les étudiants ? Se pourrait-il qu'ils interprètent faussement cette désinvolture ou cette concentration ? Ils voient peut-être une personne à l'air fermé ou buté, froid ou indifférent, arrogant ou hésitant. Ce premier message est envoyé sans même que le professeur n'y puisse rien à moins qu'il n'ait pris conscience que la communication commence dès qu'il entre dans la classe avant même qu'il ait dit un mot.

Quels moyens non verbaux peuvent soutenir une bonne communication dans la classe ?

1. Éviter les positions fermées (bras croisés), les mouvements intempestifs et les distances trop grandes ou trop petites qui nuisent à la circulation des idées et des émotions.

2. Être réellement présent dans la classe en ne pensant pas à autre chose afin d'éviter de transmettre un message non verbal ambigu, et présenter un visage ouvert et intéressé.

3. Prévoir, si possible, un aménagement de l'espace dans lequel chaque personne peut communiquer avec les autres (les demi-cercles ou les cercles servent bien cette exigence dans les groupes restreints).

4. Dans l'animation, utiliser les signes non verbaux suivants :

– prendre une position d'ouverture, légèrement inclinée vers la personne avec parfois la posture dite « de sollicitation » (tête légèrement inclinée sur l'épaule) ;

– sourire régulièrement et conserver un visage ouvert ;

– traduire non verbalement par les expressions de son visage ce qui est dit tout en évitant de traduire ses réactions personnelles ;

– regarder chacun des étudiants afin qu'il se sente inclus dans l'action qui se déroule ;

– regarder la personne qui parle avant de reformuler ou de résumer ce qu'elle vient de dire ;

– parcourir du regard tout le groupe pendant qu'on s'adresse aux étudiants ou pour vérifier si quelqu'un veut prendre la parole ;

– avertir le groupe que si son regard parcourt toute la classe et ne reste pas fixé sur l'étudiant qui a pris la parole, ce n'est pas qu'on n'écoute pas, mais parce qu'on veut convier toutes les personnes du groupe à écouter et à participer ;

– insister du regard auprès des silencieux pour qu'ils interviennent davantage ;

– recourir au geste pour faire attendre ou pour indiquer qu'on a vu celui ou celle qui désirait intervenir ;

– calmer d'un geste discret la personne de type *haut-parleur* ;

– démontrer son intérêt à ce qui est dit par de légers hochements de tête plus ou moins réguliers ;

– utiliser l'espace classe en le parcourant de temps à autre pendant un exposé magistral ou interactif sans toutefois outrepasser la distance sociale ;

– tenter de saisir l'état émotif du groupe en vérifiant ce qui se dégage dans l'ensemble ;

– éviter les gesticulations intempestives dans ses exposés ;

– faire coïncider ses comportements verbaux et non verbaux afin de demeurer cohérent et d'inspirer la confiance.

L'enseignant devrait travailler d'abord sur ses compétences au plan de la communication non verbale : mieux se connaître ; mieux contrôler ses propres comportements, comme ses tics et ses manies ; adopter des comportements observés chez des personnes qui communiquent bien en public ; s'efforcer d'être plus empathique et à l'écoute ; exprimer ouvertement ses sentiments ; évaluer les indices non verbaux dans leur globalité plutôt que de s'attacher aux détails. Pour les étudiants d'une classe, les indices non verbaux du professeur demeurent des révélateurs d'authenticité et de chaleur qui concourent à établir un climat positif.

▶ **La communication verbale sur le devant de la scène**

Enseigner, c'est communiquer avec un groupe de personnes réunies en un lieu de communication intense où même les silences ont leur sens. Comme le langage non verbal, le langage verbal est relié aux cultures et bien des mots prennent des sens différents selon l'âge de la personne, son sexe, sa nationalité, son éducation. Comme dans la communication non verbale, la communication verbale de l'animateur doit donc s'adapter à celle des membres du groupe, ce qui signifie d'éviter la « langue de bois » qui, bien qu'elle impressionne parfois certains étudiants, entraîne souvent des incompréhensions et bloque ainsi l'accès à un apprentissage réel. Tout au long de son discours didactique centré sur l'apprentissage des étudiants, le professeur va produire des définitions explicites accompagnées d'exemples. Il va inscrire ces définitions sur un coin du tableau, inviter les étudiants à les transcrire, et il va aussi vérifier régulièrement leur compréhension en présumant que bien des termes qui lui apparaissent simples ne le sont pas pour eux, qui n'ont pas la même culture, puisqu'ils sont d'une autre génération et parfois d'une autre classe sociale que lui.

Certaines interventions sont nuisibles au climat d'un groupe : interrompre un étudiant ; faire perdre la face ; juger devant tous de la qualité d'un travail individuel ; conseiller et sermonner sans donner la chance à l'étudiant de chercher une réponse ou une solution ; multiplier les questions par peur du silence ; jouer au psychologue au sujet d'un étudiant ; poser des questions et y répondre ; ignorer certains étudiants.

Si le professeur parvient à centrer les membres de la classe sur la tâche à réaliser et les buts à atteindre, par des interventions non verbales et verbales adéquates sur lesquelles il aura préalablement réfléchi, ces obstacles ne surgiront que sporadiquement et, par conséquent, la cohésion du groupe et son sentiment d'appartenance augmenteront.

Le professeur peut intervenir verbalement pour faire avancer le travail du groupe. Voici quelques précisions :

– les questions bien placées dans le discours : questions portant sur l'attention, la compréhension, la réflexion, etc. ;

– les reformulations des interventions des étudiants : cette technique, chère aux animateurs chevronnés, permet d'attirer l'attention diffuse des étudiants et de les aider à saisir certains aspects du contenu ;

– les reflets de sentiments : des interventions comme « Là, je sens que ce n'est pas clair pour vous. Voyons ça… », ou « J'ai vu des sourires qui semblent indiquer que vous doutez de ce que je viens de dire… expliquez-moi … », ou « là, vous semblez fatigués de suivre… je me trompe ? Que suggérez-vous ? », sont des reflets adressés au groupe qui respectent les individualités et démontrent que le professeur reste *branché* sur le groupe ;

– les paraphrases : la répétition presque littérale de ce qu'un étudiant vient de dire constitue une sorte d'interpellation à l'intention de toutes les personnes présentes dans la classe et confère de l'importance à la parole de l'étudiant ;

– les focalisations : le fait d'inviter les étudiants à revenir sur un point qui apparaît important contribue également à éveiller l'intérêt en activant les neurones ;

– les clarifications : très courantes durant les cours, elles aident à la compréhension et devraient être soulignées par le professeur quand il en fait ;

– les confrontations d'idées : sans nécessairement se transformer en des débats systématiques, les confrontations ont leur place quand le professeur soulève des contradictions entre deux points de vue et demande aux étudiants ce qu'ils en pensent ou ce qu'ils feraient dans tel ou tel cas ;

– les synthèses : elle doivent être fréquentes afin d'accompagner la démarche cognitive des étudiants en évitant de les perdre en chemin ;

– les mises au point : ce type d'intervention peut parfois porter sur les comportements au travail en classe ou sur l'état d'avancement du groupe en regard des objectifs visés dans la période qui se termine ;

– les vérifications de l'accord des étudiants : il s'agit d'appels à l'opinion des étudiants. Ces appels peuvent s'imposer quand il faut établir des ententes concernant l'évaluation, les travaux, les pédagogies appliquées ou d'autres sujets qui ont des liens avec la cohésion et le climat du groupe et qui visent à engager la participation de tous ;

– l'accélération ou le ralentissement du rythme de travail : le professeur ressent le climat du groupe, son état d'apathie ou de fébrilité, et il y ajuste le rythme ainsi que ses remarques et consignes ;

– les silences tolérés et interprétés positivement : à des étudiants qui ne répondent pas immédiatement à une question, le professeur peut fort bien dire que « c'est très bien de prendre le temps de réfléchir avant de répondre », plutôt que de répéter sa question ou d'y répondre lui-même. Il montre ainsi qu'il ne craint pas les silences et il fait preuve d'un certain humour toujours apprécié par les étudiants. Le professeur sait que le silence peut revêtir plusieurs sens (ennui, apathie, réflexion, hésitation, gêne, etc.) et tente constamment de les interpréter avec justesse tout en y réagissant diplomatiquement : « quel beau silence ! Je vous propose de prendre trois minutes pour consulter votre voisin sur une réponse possible à ma question… », ou « votre silence m'inquiète… que pensez-vous de ceci ? » ;

– le feed-back positif exprimé à voix haute de façon régulière : sans que cela devienne ostentatoire, le professeur peut, à intervalles réguliers, souligner l'intérêt des questions posées ainsi que l'avancement du travail, surtout s'il demeure en interaction constante avec son groupe ;

– les interventions médiatisées (tableau, cahier de textes, rétroprojecteur, acétates électroniques, etc.) : elles constituent des objets de médiation très utiles dans le travail d'animateur qui échoit souvent au professeur.

Toutes ces interventions enrichissent le répertoire du professeur, l'aident à établir des liens avec les étudiants et servent le discours prévu, lequel concerne généralement un objet très spécialisé quand il se situe au niveau de l'enseignement supérieur. Il faut donc examiner les paramètres entourant ce discours.

• *Un contenu spécialisé dans un discours disciplinaire*

Les professeurs de l'enseignement supérieur sont des experts dans leurs domaines respectifs et c'est à ce titre qu'on les a embauchés. Jusqu'à présent, on leur a toujours demandé de démontrer leurs connaissances et de les transmettre par les vertus de leur statut et de leur « voix d'or ». Il suffisait qu'ils parlent, croyait-on, pour que ceux qui écoutent, et surtout qui notent, apprennent (St-Onge, 1994). Les temps ont bien changé et les contenus des programmes se sont alourdis de façon exponentielle depuis les trente et quarante dernières années. Pourtant, les heures dévolues pour couvrir les matières au programme des cours sont demeurées généralement assez stables. Comment parvenir à couvrir l'essentiel du programme ? Il semble qu'un cours enseigné ne soit pas l'équivalent d'une conférence, si bien structurée soit-elle.

Les cognitivistes ont démontré l'importance de la structuration des contenus du discours et de la prise en compte de ce qu'est le récepteur. On soulève ici toute la question du discours didactique que doit adopter le professeur qui fait le lien entre la matière, qu'il connaît très bien mais qu'il doit restructurer pour la rendre accessible à l'étudiant, et cet étudiant dont il doit pouvoir saisir les caractéristiques et les connaissances pour l'aider à s'engager dans l'apprentissage. Saisir ce que sont les étudiants signifie s'approcher d'eux, s'intéresser à eux, adopter consciemment leur point de vue pour mieux les rejoindre. Cet exercice mène inévitablement à une transformation dans les représentations personnelles que se fait le professeur de son rôle. Il n'est plus seulement celui qui dit, mais il devient celui qui facilite le discours de l'autre et qui place ce dernier dans des situations où il doit mobiliser ses forces. Cette position intellectuelle sous-tend une confiance de la part du professeur dans le potentiel des étudiants, ainsi qu'une ouverture de soi qui ne se cache plus derrière des connaissances désincarnées. Son rapport au savoir devient alors profondément marqué par cette préoccupation pour son accessibilité et sa structuration : le savoir n'est plus une réalité à rabâcher dans des monologues interminables, mais une entité composite qui n'est réellement abordable que par celui qui peut le déconstruire et le reconstruire. L'attitude sous-jacente à cette conception implique un questionnement systématique et une réflexion incessante qui permettent l'ouverture à l'autre.

Le discours spécialisé de l'enseignement demande donc une communication spécialisée au regard des objectifs de compétences visés et des liens à établir entre les éléments du contenu et avec les personnes présentes au cours. Même en enseignement supérieur, le professeur représente pour les étudiants, non seulement un modèle inspirant dans son traitement de l'information et dans sa communication, mais souvent un ego idéal qui doit démontrer sa passion pour sa spécialisation en particulier et pour la connaissance en général (Baiocco et DeWaters, 1998).

• *Le discours didactique*

Dans la perspective d'une centration sur l'apprentissage des étudiants, le discours didactique sera modélisé et organisé par le professeur. Dans son exercice de structuration des contenus autour de concepts intégrateurs, le professeur sert en quelque sorte de modèle de transfert aux étudiants. Il organise les contenus, en soulignant les liens, les relations entre les concepts, les notions, les démarches et les procédures, et il identifie les éléments susceptibles d'entraîner des difficultés de compréhension et d'intégration chez les étudiants. Dans cette démarche, il montre comment on peut traiter l'information, il prouve que cette capacité n'est pas innée mais qu'elle s'apprend et, par la même occasion, il propose des outils de préparation pour les examens (classification, organisation, relations) et pour les travaux (plan), et fournit des repères et des points d'ancrage dans la discipline au programme. En regardant les graphiques, l'étudiant peut visualiser les liens entre ses connaissances antérieures et les connaissances nouvelles qui lui sont présentées, relier les dimensions micro et macro de la discipline et du domaine, et hiérarchiser les contenus d'un cours, car tout n'a pas la même valeur et la même place. Ces activités aident l'étudiant à lire la réalité et à détecter ce qui est essentiel et ce qui est secondaire (tout n'est pas également important). Or, il faut savoir traiter l'information pour saisir ce qui en forme l'essentiel, car il est impossible, et inutile, de tout apprendre au risque d'engorger la mémoire.

La communication dans l'enseignement est donc éminemment stratégique, c'est-à-dire planifiée et organisée en fonction même de la structure de la matière à enseigner et des dispositions des étudiants. Par ce canal de l'apprentissage qu'est la communication, l'équilibre doit se faire entre ce qui est enseigné et ce qui est à apprendre.

Toutes les activités de traitement de l'information proposées par le professeur, et parfois modelées par lui devant la classe, ne visent pas à occuper l'étudiant à tout prix, l'agitation et l'amusement n'étant pas des signes d'activité intellectuelle féconde, mais elles tendent surtout à l'aider à apprendre par divers moyens. Quand le professeur s'attarde au traitement des informations dans la classe, il parvient à freiner son envie de communiquer uniquement sa matière et il développe des comportements de soutien à l'apprentissage.

C'est d'une culture et d'une éthique de l'encadrement des étudiants dont il est question ici alors que le professeur devient celui qui balise la démarche de l'étudiant en lui proposant des éléments facilitant ses apprentissages. Il s'agit de changer l'attitude intérieure voulant qu'il soit l'unique émetteur du savoir, pour exprimer un mode de communication qui vise à produire des apprentissages, c'est-à-dire des transformations de l'être en développement. Pour y parvenir, il faut savoir lire les réponses des étudiants, pas juste les questions, ce qui demande une écoute constante enchâssée dans une perspective de communication en boucle.

Le discours didactique, conçu dans la perspective d'une centration sur l'étudiant et l'apprentissage, entraîne des exigences en termes d'attitudes et de démarches : ouverture et écoute, acceptation des différences, dialogue incessant tissé de questions qui en suscitent d'autres et de reformulations dans lesquelles on a recours aux termes justes replacés dans leur contexte, adaptation constante aux surprises de ce dialogue. Toutefois, si l'accompagnement comporte des exigences indéniables, il recèle bien des avantages dont le moindre n'est pas la libération du poids exclusif de la responsabilité de l'apprentissage. Le professeur n'est plus sur la défensive, il n'a plus à jouer le rôle de celui qui sait tout, il peut se montrer tel qu'il est, avec ses forces et ses limites, dans une chaleureuse complicité avec ses étudiants. Son rôle de stratège bien articulé le pousse à développer une empathie cognitive et affective à l'égard de ses étudiants : quel est leur savoir et que ressentent-ils ? Dans sa préparation d'un cours, il se demande au sujet de ses étudiants « que savent-ils ? quelles difficultés peuvent-ils rencontrer dans l'apprentissage de certains contenus du cours ? comment sont-ils préparés pour faire face aux exigences des travaux et des examens ? quelles motivations les animent ? », et il prévoit une structure adaptée à leurs besoins. C'est là qu'entrent en jeu les « ruses pédagogiques » que Meirieu (1996) a si bien décrites.

▶ Des stratégies d'enseignement ou quelques ruses pédagogiques

Quand Meirieu parle de « ruses pédagogiques », il fait référence au rôle de stratège dévolu au professeur centré sur l'apprentissage et les étudiants. En effet, c'est par des ruses ou des procédés habiles que l'enseignant parvient à ses fins. Meirieu se réfère à Rousseau selon qui l'éducateur doit « tout faire en ne faisant rien », c'est-à-dire en utilisant « des médiations : les situations dans lesquelles on place l'éduqué et qui lui permettent de devenir progressivement un "s'éduquant" » (Meirieu, 1996, p.85). Cette affirmation s'applique tout à fait aux étudiants de l'enseignement supérieur qui sont parvenus à un âge et à un niveau suffisants pour accéder à une sorte d'auto-formation. C'est en plaçant ses étudiants dans des situations inusitées au regard de la tradition universitaire que le professeur les entraîne à traiter l'information, à l'intégrer et à la transférer, bref, à prendre en mains leur démarche cognitive. Ces *ruses* font partie des réponses auxquelles le professeur parvient après s'être demandé si ses étudiants apprenaient quand il leur enseignait (St-Onge, 1993). Parmi ces ruses médiatrices, ces procédés, ces stratégies concoctées par le professeur-stratège, il faut s'arrêter plus particulièrement à la réalisation des schémas de concepts, aux pauses d'apprentissage (Aylwin, 1994) et, surtout, au questionnement qui occupe la place centrale de la démarche. Pendant que le professeur essaie de donner du sens au contenu, l'étudiant de son côté essaie de trouver ce sens.

Dans la description des techniques de questionnement, des pauses d'apprentissage et des schémas de concepts, nous nous référons souvent à l'enseignement stratégique, modèle issu des derniers développements en recherche cognitive qui constitue un modèle ouvert avec lequel il est facile de combiner des stratégies différentes comme l'apprentissage coopératif ou la méthode des cas (voir dans le chapitre 1, p. 16, la description de l'enseignement stratégique).

• *Questionner pour donner du sens au contenu*

L'observation des questions constitue un outil majeur pour saisir le style même de l'enseignant. Celui-ci pose-t-il des questions auxquelles il répond sans attendre un moment de réflexion ? Pose-t-il des questions toujours du même type ? Se contente-t-il de questions générales comme

« Est-ce que vous avez compris ? » ou pose-t-il des questions plus précises ? Se satisfait-il des réponses des meilleurs étudiants en oubliant les autres ? Juge-t-il la qualité des réponses ? Reprend-il ses questions en les reformulant ou en les reliant à d'autres ? Ses questions font-elles partie d'une routine répétée à chaque cours sans que cette activité prenne un véritable sens pédagogique ? Les questions sont-elles amenées en supplément à l'exposé ou sont-elles intimement imbriquées dans son élaboration ? Comment dépasser la question « avez-vous des questions ? », ce grand classique de l'enseignement ? Bref, les étudiants sont-ils considérés par le professeur comme des auditeurs passifs ou comme des partenaires actifs qu'il faut stimuler tout au long de la démarche intellectuelle exposée dans le discours magistral ?

On sait que l'exposé magistral, méthode d'enseignement exclusive à l'université, a été remis en question grâce aux études sur la mémoire et l'apprentissage. Toutefois, le contexte des grands groupes limitant souvent le recours à d'autres méthodes, il est possible de maximiser l'efficacité de l'exposé frontal par l'introduction du questionnement.

Surmonter quelques obstacles au questionnement

L'augmentation de la fréquence du questionnement dans les cours est souvent freinée par trois obstacles :

1. Pour le professeur : réduire la suprématie du contenu. Il faut réaffirmer ici que ce n'est pas seulement le contenu qui importe dans la matière enseignée, mais aussi et surtout la compréhension que les étudiants peuvent en avoir et les habiletés qu'ils peuvent développer à travers le cours. Le premier défi du professeur consiste donc à épurer la matière des connaissances secondaires pour mettre l'accent sur la compréhension des dimensions vraiment importantes. Sans négliger le contenu, il faut apprendre à le relativiser.

2. Pour l'étudiant : apprendre à formuler des questions. L'étudiant ne sait pas toujours très bien comment rédiger des questions, ou alors il va toujours formuler des questions de même niveau taxonomique.

3. Pour l'étudiant : la résistance à s'impliquer. Le troisième obstacle à affronter provient de l'incompréhension qu'a l'étudiant du rôle des questions, incompréhension qui le pousse à résister et à refuser de s'impliquer. Il s'agit pour le professeur de faire la preuve de l'efficacité de cette méthode en utilisant certaines questions lors de l'examen suivant ou en gardant la dernière demi-heure du cours pour les étudiants qui n'ont pas compris certaines questions ou certaines réponses.

À l'université, les défis de l'enseignement aux grands groupes sont importants et plusieurs problèmes y ont été bien identifiés (Leclercq,

1998), allant du manque de clarté des objectifs, au manque d'encadrement et d'occasions de discussions jusqu'à la difficulté de tenir compte de la diversité des étudiants et de les motiver. Mais, dans ce contexte où l'exposé magistral demeure incontournable, les phases de l'exposé, amorcées et orientées par des questions, sont minutées et entrecoupées par des périodes plus ou moins longues de discussions et de travaux proposés aux étudiants. Comment la question peut-elle faire partie de l'enseignement et moduler en quelque sorte l'exposé magistral ?

Selon Brown et Atkins (1988, p.73), certaines erreurs courantes sont à éviter :

- bombarder les étudiants avec des questions ;
- poser une question et y répondre soi-même ;
- ne poser que des questions simples et évidentes ;
- poser trop tôt une question difficile ;
- poser des questions non pertinentes ;
- poser toujours le même genre de questions ;
- poser des questions de manière menaçante ;
- ne pas signaler un changement dans le genre de questions posées ;
- ne pas utiliser de questions de clarification et de précision ;
- ne pas laisser de temps pour réfléchir à la réponse ;
- ne pas corriger les réponses erronées ;
- ignorer les réponses ;
- ne pas parvenir à voir les implications des réponses ;
- ne pas parvenir à compléter les réponses.

Le professeur, conscient de ces écueils, enseigne aux étudiants les divers niveaux de questions : il peut le faire de façon implicite, par l'exemple qu'il offre de son propre questionnement ; il peut également le faire ouvertement, en proposant aux étudiants divers niveaux de questions qui peuvent correspondre, par exemple, à certains des niveaux cognitifs extraits de la taxonomie de Bloom (1966) que voici :

1. Questions d'information : connaissances, descriptions, liste de, reconnaître. Ces questions d'un premier niveau sont souvent formulées par « Qu'est-ce que ? », ou « Définissez… », ou « Énumérez » , ou « Trouvez… ».

2. Questions de compréhension : discriminer, retrouver l'idée principale, résumer, dire dans ses mots, distinguer. Ces questions sont exprimées généralement par « Expliquez l'idée principale de… », ou « Reformulez dans vos mots… », ou « Quels sont les arguments que l'auteur utilise pour soutenir sa thèse ? »

3. Questions de réflexion (analyse, généralisation) : comparer, analyser, relier entre eux, interpréter, expliquer, organiser, déduire, établir les relations, tirer des conclusions. Les questions de ce niveau sont formulées ainsi : « Décrivez les points communs entre X et Y… » ; « Analysez le contenu du texte de… » ; « Faites des liens entre X et Y… » ; « Préparez un tableau schématique des éléments importants en marquant bien leurs liens de relation » ; « D'après l'exposé présenté en classe, déduisez les conduites à prendre dans le cas de… » ; « Quelles conclusions pouvez-vous tirer de l'expérience relatée au cours ? ».

4. Questions d'évaluation : porter un jugement, critiquer, prendre une décision, argumenter. Les questions de ce niveau peuvent ressembler à ceci : « Évaluez, avec des arguments à l'appui, les fondements de la position de X » ; « En vous référant aux règles de X, faites une critique de l'intervention de Y » ; « Quels arguments pouvez-vous apporter pour et contre chacune des positions adoptées par les deux groupes qui s'affrontent sur le sujet ? »

5. Questions divergentes (créativité) : redéfinir, voir d'une autre façon, trouver le plus grand nombre d'idées possibles, élaborer des hypothèses. Ces questions adoptent des formes comme celles-ci : « Imaginez que vous êtes X dans cette situation et décrivez-la selon son point de vue » ; « Trouvez une nouvelle façon de définir tel phénomène » ; « Quels seraient les usages possibles de… ? »

Questionner dans l'exposé stratégique

Nos observations de plusieurs enseignements à de grands groupes, tant en France qu'au Québec, nous ont permis de dégager la question comme un outil précieux pour l'enseignant désireux d'établir avec ses étudiants un rapport d'apprentissage plus significatif. Nous avons voulu savoir ce qui se passait au cœur du discours de quelques enseignants universitaires, dépister dans ce discours des éléments d'un enseignement stratégique et identifier dans quel paradigme se situaient ces enseignements (Bruneau et Langevin, 1999).

L'animation d'un petit ou d'un grand groupe exige une attitude structurante quant aux procédures, mais souple quant aux contenus, surtout dans un contexte où l'étudiant doit trouver sa place par l'échange intellectuel se déroulant au cours. Les questions posées par le professeur durant son exposé servent de stimulant pour la réflexion, l'apprentissage et le transfert, comme parfois de dialogue direct avec l'auditoire.

Les questions en contextualisation

Dans ce dialogue essentiel à la relation pédagogique, quels types de questions peut poser le professeur à l'étape initiale de contextualisation d'un contenu, d'une matière, d'une démarche ? Ainsi, pour vérifier les représentations et les connaissances antérieures : « Quelle est la question à se poser sur ce thème ? », « À quel autre contenu peut-on le rattacher ? », « Quels sont ses enjeux ? », « Quel est l'intérêt d'aborder ce contenu ? », « À quoi vous fait penser ce thème, à quelles réalités, à quelle expérience le reliez-vous ? » La contextualisation du contenu peut s'opérer au cours d'une mise en commun, par une grille de questions, au moyen des réflexions tirées des lectures préalablement proposées à chaque sous-groupe. Les questions du professeur dans son exposé visent aussi à situer l'étudiant dans un modèle de réflexion (Rey, 1996 ; St-Onge, 1990) qui va l'amener à s'activer cognitivement et à demeurer attentif et vigilant durant l'étape qui suit, soit la décontextualisation.

Les questions en décontextualisation

Durant cette étape, le professeur explore la matière à connaître, il la décrit, il la développe, il l'explicite, il l'illustre et l'approfondit, il en souligne les aspects théoriques et les contradictions, dans un rapport dialectique constant. Les questions servent ici à soutenir la compréhension des contenus et des démarches en lien avec la culture disciplinaire, et à susciter la réflexion métacognitive de l'étudiant. C'est l'étape où le professeur se sent souvent le plus à l'aise, puisqu'il se retrouve dans son rôle traditionnel de *transmetteur* de connaissances. La question devient l'outil dont se sert le professeur pour moduler son discours, attirer l'attention des étudiants et présenter la démarche de quelqu'un qui pense tout haut et réfléchit (modèle et penseur) sur des réalités qu'il émet tout en les relativisant (puisqu'il faut démystifier le savoir). Ses questions peuvent prendre la forme d'hypothèses, d'explications, de pistes de recherche et de réflexions sur les représentations des étudiants ou sur les *a priori*. Ces questions servent alors à problématiser le contenu placé en interface avec d'autres disciplines comme l'histoire, la sociologie, l'éducation, les sciences, la psychanalyse, etc., et à cerner ainsi l'évolution des disciplines et des concepts. En s'emboîtant et en se complétant les unes les autres, les questions deviennent des balises lors d'une lecture en classe, ou servent de guides de lecture, tout en reconstituant la trame explicative des phénomènes explorés. Les questions servent aussi à isoler des mots clés et des nœuds de difficultés et elles marquent la relation entre le texte et le concept ciblé. De cette façon, elles modèlent un niveau taxonomique complexe de pensée réflexive, dont voici quelques exemples : « Quelle définition peut–on donner actuellement de ce concept avec ce que l'on sait ? » ; « Comment cette définition évolue-t-elle dans le modèle de cet auteur ? » ; « Comment ce concept s'applique-t-il au Canada, en Europe, en Amérique ? » ; « Comment ce concept se transforme-t-il chez un musicien, un jardinier ? » ; « Quelle est la logique d'évolution de ce concept ? » ; « Quels sont les savoirs savants qui sont enseignés à partir de là ? » ; « Quelles sont les pratiques sociales où l'on retrouve ce concept ? » Toutes ces questions dont le discours professoral est émaillé peuvent appeler des discussions, des échanges entre le professeur et les étudiants, des <u>buzz ses-sions</u> (brefs échanges de 3 minutes) entre les étudiants et d'autres questions (ou réponses) de leur part. En somme, ces questions servent à rythmer l'exposé et constituent des « pauses d'apprentissage » (Aylwin, 1995), pauses essentielles pour maintenir l'attention et l'intérêt, stimuler la compréhension ainsi que la persévérance jusqu'à la troisième et dernière étape du cours, la recontextualisation.

Les questions en recontextualisation

À la suite de la synthèse de la matière effectuée à l'étape précédente, la recontextualisation a pour enjeu d'assurer une intégration et un premier transfert des apprentissages visés par le cours. Dans le contexte traditionnel de l'université, cette étape est souvent absente de l'enseignement aux grands groupes. Cependant, notre étude a permis de constater que la question pouvait servir de déclencheur pour l'intégration et le transfert, soit sous forme d'un problème à résoudre en lien avec les questions des travaux de session, soit comme balise d'une démarche d'auto-évaluation de sa compréhension en offrant à l'étudiant des pistes pour tisser des relations entre les concepts et créer du sens, produire des synthèses et envisager des voies de recherches possibles. Voici des exemples de questions : « Quelles sont les situations nouvelles que l'on peut comprendre dès lors que l'on possède ce nouveau concept ? » ; « Qu'est-ce qu'il me faut pour comprendre et aller plus loin ? » ; « Quels sont les obstacles à ma compréhension ? » ; « Quelle est la logique de mes choix (de thématiques, de démarches, de références) » ; « À quelle autre question ce concept m'amène-t-il ? ». Dans un grand groupe, la recontextualisation peut aussi se réaliser de façon systématique en recourant à des problèmes qui sont soumis aux sous-groupes d'étudiants, dont la tâche devient celle d'appliquer une démarche de résolution, telle qu'on la propose dans l'enseignement stratégique. Du rôle passif habituel, l'étudiant passe alors à des rôles plus actifs, en devenant tour à tour animateur, secrétaire, porte-parole et membre d'une communauté d'apprentissage.

La question, initiatrice de pensée

Le point de départ du recours à la question réside dans la représentation même de ce qu'est penser et apprendre, et du rôle que joue le professeur dans l'enseignement supérieur. La question n'est-elle pas signe, et souvent initiatrice, de la pensée ? L'apprentissage n'est-il pas une réponse à des questions et, sans question, y a-t-il apprentissage ? Le professeur n'est-il pas celui qui doit enseigner à penser, c'est-à-dire à se questionner ?

• *Provoquer le questionnement des étudiants*

Il suffit d'une courte période d'observation dans les classes de l'enseignement supérieur pour constater que, comme pour les cycles primaire et secondaire, ce sont presque toujours les mêmes étudiants qui posent les questions. On observe parfois des groupes dans lesquels une sorte d'ostracisme est appliqué envers l'étudiant qui pose trop de questions et à qui les collègues reprochent de ralentir la classe et de n'être qu'un perroquet ou, pire encore, un vil courtisan. À la fin de son exposé, quand le professeur d'expérience demande s'il y a des questions, il ne fait pas l'erreur de conclure que tous les étudiants ont compris, bien au contraire. Ceux qui ne posent jamais de questions, s'en abstiennent pour diverses raisons : timidité excessive ; crainte de se voir juger négativement ; simple désintérêt ; incompréhension telle qu'aucune question ne vient à leur esprit ou qu'ils évitent de poser des questions de peur de ne pas davantage comprendre les réponses ; etc. Le professeur qui prend conscience de ces réalités toujours cachées, se questionne sur les divers moyens de rendre actifs ses étudiants en recourant aux questions, pas les siennes, mais les leurs.

Les étudiants sont-ils assez sûrs d'eux-mêmes pour le dire, lorsqu'ils ne comprennent pas ? Selon St-Onge (1990), la réponse est claire : c'est non. Pour entraîner les étudiants à des comportements de questionnement qu'on peut assimiler à la réflexion critique, il faut donc modeler les questions d'abord, puis les susciter de diverses manières. St-Onge écrit : « L'introduction de son propre questionnement dans ses exposés est un premier élément pour éveiller la curiosité. Un deuxième est d'amener progressivement les élèves à formuler leurs questions, afin qu'ils découvrent que les cours servent à répondre à des questions qu'ils se posent » (1990, p. 11). En conclusion, il note : « Donner aux élèves la possibilité de poser des questions ne suffit pas à assurer leur engagement dans l'apprentissage. Pour ce faire, ils doivent percevoir que leur activité est responsable du progrès qu'ils peuvent vérifier ». Il faut faire remarquer aux étudiants que toute l'information contenue dans les textes ou les exposés constitue des réponses à des questions que d'autres se sont posées avant eux. Il faut démontrer que se questionner veut dire refaire la logique d'un discours et la recontextualiser en fonction du contenu en jeu. Il faut souligner que la question constitue le début de la compréhension (Langevin, 1990), car lorsqu'on ne comprend rien, mais vraiment rien, on n'a pas de questions, ou si peu ! La question indique donc un début d'ouverture dans l'exploration consciente et volontaire d'un objet d'apprentissage. Considérée en elle-même et non comme un outil pour favoriser l'interaction en classe, la question définit une discipline et il existe ainsi un éventail de questions originales à chaque discipline. Enfin, soulignons que la majorité des étudiants accédant à l'enseignement supérieur ont peu d'expérience du questionnement et le nombre de questions qu'ils ont posées est infime comparativement à la quantité de questions auxquelles ils ont dû répondre dans leur cursus scolaire antérieur. Il faut donc valoriser le questionnement en classe, le susciter et le modeler.

Passer la parole à l'étudiant en l'invitant à questionner équivaut à lui fournir un outil pour dire ce qu'il sait, pour questionner ce qu'il ne sait pas encore, pour orienter les décisions du professeur, en fonction des nœuds de difficulté ainsi mis à jour. Cette parole n'ira pas seulement du professeur à l'étudiant et vice versa, mais elle circulera entre les étudiants, dans les sous-groupes spontanés ou constitués.

• *La question comme canal relationnel*

Une étude récente (Kubanek et Waller, 1995), menée en contexte de CÉGEP, a démontré clairement que la place que laisse le professeur aux questions des étudiants et les réactions qu'il présente à ces questions ont un lien étroit avec la confiance en soi, car poser des questions demande une dose certaine de confiance en soi et obtenir des réponses signifie qu'on est digne d'être écouté, ce qui entraîne une hausse de la confiance en soi et en son professeur. Le dialogue qui s'établit ainsi marque le type de relation possible entre l'étudiant et son professeur qui lui démontre de l'intérêt ou non. Les auteurs concluent que « les contacts individuels avec les professeurs et les encouragements de leur part favorisent l'apprentissage et la persévérance scolaires, et ce quel que soit l'âge des étudiantes. Inversement, un enseignement distant et impersonnel est associé aux échecs scolaires et aux changements de programme " (1995, p. 24). Les chercheurs soulignent que les professeurs influencent grandement la motivation à apprendre et les choix des étudiantes concernant la conduite de leurs études.

• *Intégrer le questionnement à l'apprentissage des étudiants dans les cours*

Il est possible d'intégrer le questionnement systématique dans les cours. Par exemple, en fin d'étape, les étudiants peuvent travailler seuls ou à deux ou trois, avec pour consigne de revoir la matière présentée en jouant le rôle du professeur qui doit préparer un examen. À mesure qu'ils avancent dans la lecture des notes, ils écrivent des questions dans les marges, sous les formulations les plus diverses possibles. Après trente minutes de travail, il leur est demandé de formuler quelques questions à développement qui couvrent de grandes parties de la matière. Ensuite, se fait l'échange des questions dans toute la classe, afin que chacun complète sa liste. Enfin, l'annonce que ces questions serviront certainement au prochain examen et qu'une excellente révision des notes vient d'être complétée contribue à justifier le temps consacré à la formulation de questions.

• *Avantages retirés du questionnement*

La formulation de questions sur les notes de cours oblige l'étudiant à des activités reliées à l'étude : relire les notes ; comprendre minimalement (sinon, impossible d'avoir une question) ; déceler les parties de la matière qui ne sont pas claires ou qui manquent ; découper la matière en parties interreliées ; refaire la structure logique de l'exposé grâce aux questions à développement (logique qui n'est pas évidente pour beaucoup d'étudiants !). Le questionnement réalisé à deux développe la coopération entre étudiants et la mise en commun en classe améliore le climat, car tous se retrouvent dans un objectif commun. Fondamentalement, le questionnement éveille l'intérêt de l'étudiant et active ses facultés de raisonnement, puisqu'il doit y établir des liens entre des parties de la matière. Enfin, le questionnement lui fait toucher du doigt les points qu'il connaît, ceux qu'il n'a pas compris et il l'entraîne ainsi à chercher des réponses à ses questions.

• *Faire des pauses d'apprentissage*

L'expression *pause d'apprentissage*, tirée de Aylwin (1994), fait référence au processus d'assimilation de l'information qui doit se faire durant un cours. Afin de favoriser cette assimilation, processus semblable à celui de la digestion souligne l'auteur, le professeur prévoit des moments d'arrêt pendant son exposé en proposant aux étudiants des activités de réflexion, d'explicitation et de questionnement de la matière qui vient d'être exposée. Dans les plus grands groupes, les mêmes activités peuvent être proposées après un exposé de 45 à 60 minutes et constituer des thèmes pour du travail en sous-groupes de 20 à 30 individus. Aux suggestions de Aylwin (1994), nous avons ajouté quelques stratégies, formulées sous formes de consignes :

• « Avec votre voisin immédiat, revoyez vos notes et complétez-les mutuellement. Vous avez 10 minutes, puis, nous continuons l'exposé. »

• « Regroupez-vous à quatre et identifiez les mots clés qui représentent bien ce qui vient d'être présenté. Vous avez cinq minutes, puis, nous ferons un tour de classe pour vérifier vos choix que j'inscrirai au tableau. »

• « À partir de vos notes personnelles, formulez une ou deux questions sur un élément qui vous semble moins clair. Vous avez 10 minutes, puis, nous mettrons en commun ces questions auxquelles nous tenterons vous et moi de répondre. »

• « Ce qui vient d'être exposé se divise en trois parties (ou deux, ou quatre selon le cas) qui sont les suivantes (le professeur les identifie clairement au tableau ou au rétroprojecteur). Ceux qui sont dans les deux ou trois premières rangées de la classe vont travailler sur la première partie ; les deux ou trois autres vont travailler sur la deuxième partie et ceux des dernières rangées vont travailler sur la dernière partie. Voici ce que vous avez à faire : 1) à quatre, résumez en un paragraphe votre partie et choisissez-vous un porte-parole (10 minutes) ; 2) regroupez les porte-parole pendant 5 minutes, décidez des éléments essentiels à retenir et nommez-vous un rapporteur ; 3) retournez en grand groupe pour la présentation des rapporteurs dont je note les éléments essentiels au tableau ».

• « À deux, organisez les idées clés ou les concepts importants en un schéma cohérent. Vous avez 10 minutes pour ce travail que vous comparerez ensuite à celui d'une autre dyade pour des rectifications, si nécessaire. Vous aurez 10 minutes pour ce travail. »

Les activités dites de « pauses d'apprentissage », si elles semblent pour certains devoir sacrifier du temps dévolu aux contenus, permettent cependant à l'apprentissage de débuter en initiant un traitement susceptible d'entraîner l'intégration des informations par l'étudiant et éventuellement, si le professeur en tient compte, leur transfert. C'est lors de ces pauses d'apprentissage que l'étudiant s'active : il peut vérifier sa compréhension ; il revient sur des notions ; il enrichit ses connaissances au contact des autres ; il s'auto-évalue ; il affine son processus de réflexion ; il peaufine ses stratégies d'apprentissage et par conséquent sa métacognition, laquelle équivaut à la prise de conscience de ses propres processus cognitifs. Dans ce dernier cas, l'étudiant prend conscience des moyens qu'il utilise pour apprendre et de ceux qu'il pourrait s'approprier ; il rajuste sa démarche cognitive et il évalue ses acquis. Non, ces activités de pauses cognitives ne sont pas inutiles, bien au contraire. Elles correspondent à des *ruses pédagogiques* par lesquelles l'étudiant est stimulé à *s'éduquer* et qui permettent de se centrer sur l'essentiel d'un contenu, d'en saisir les éléments clés et la structure, tout en affinant ses démarches d'apprentissage. Le professeur est convaincu de leur pertinence en regard des objectifs qu'il poursuit, lesquels ne sont pas restreints à *faire des têtes bien pleines* mais tendent à produire des *têtes bien faites.*

Ces *pauses d'apprentissage* illustrent ce que doit être une véritable gestion des questions. Il ne s'agit pas seulement d'un tour de parole à donner, mais d'une reformulation de ce qui est essentiel dans la réponse et qui sert à définir un concept, afin que la gestion se fasse en fonction de l'objectif visé dans le cours.

• *Entraîner les étudiants à la schématisation des concepts*

Cette « ruse pédagogique » consiste à provoquer chez l'étudiant le souci d'organiser et de traiter l'information en lui proposant et en lui faisant élaborer des schémas, des réseaux sémantiques, des arbres de concepts. Il s'agit d'activités d'apprentissage adaptables à divers moments du cours, soit à chaque rencontre, soit à quelques étapes de son évolution. Par exemple, le professeur peut demander de produire un tel schéma, lors de la contextualisation, dès le début. Il s'agit qu'en dyades les étudiants mettent en commun leurs connaissances antérieures du sujet à l'ordre du jour, en précisent les principaux éléments et les mettent sur papier en démontrant leurs positions de relation. Ce schéma initial sera par la suite repris à la fin de l'étape de décontextualisation, celle-ci étant souvent centrée sur un exposé du professeur, parfois sur celui d'un ou de plusieurs étudiants, sur un visionnement de vidéo ou même sur une lecture. Les étudiants y auront pris des notes et seront en mesure de compléter leur schéma initial grâce aux nouvelles informations et de le réorganiser s'il y a lieu. C'est un moyen de réviser leur compréhension du contenu en le structurant et en vérifiant du même coup les notes qu'ils ont prises en décontextualisation. En recontextualisation, le schéma peut être refait en appliquant à un contexte différent les principales notions enregistrées à l'étape précédente. L'élaboration de schémas de concepts favorise la compréhension d'un contenu en obligeant l'étudiant à le structurer dans ses divers éléments et à ne choisir que les éléments principaux. C'est donc un excellent exercice cognitif qui stimule la rétention dans la mémoire à long terme et dont nous verrons quelques exemples plus loin.

▶ Quelques accessoires essentiels à la mise en scène

Dans la dimension non verbale de la communication en classe, on ne peut passer sous silence l'apport des moyens techniques. Avec l'avènement des nouvelles technologies de l'information ces moyens se sont multipliés au point de relativiser l'exigence d'une présence auprès des étudiants. Le professeur n'est plus aussi essentiel, car ses connaissances se retrouvent très souvent dans des banques de données informatisées dont l'accès est relativement facile. Toutefois, dans le cadre de ce livre, notre objectif n'est pas d'explorer les technologies informatisées, d'autres l'ayant déjà fait (Tardif, 1999), mais d'examiner quelques-uns des moyens à la portée de tous les professeurs qui enseignent dans des universités dont on sait que les salles de cours informatisées ne sont pas souvent disponibles ni même parfois existantes. La majorité des professeurs ont donc recours à des supports techniques traditionnels comme le transparent utilisé avec le rétroprojecteur et le recueil de textes reliés à la discipline à l'étude. Voyons donc leurs usages et leurs limites.

• *Le transparent*

Comment rendre le transparent efficace dans la communication et l'apprentissage ? Selon qu'on en fasse un bon ou un moins bon usage, le transparent peut se révéler un allié sûr ou un brouilleur d'ondes qui nuit au message comme au messager et au récepteur. Pour éviter ce brouillage doit-on s'en servir comme d'une simple liste d'épicerie ? À quels écueils risque-t-il de mener un groupe d'étudiants et leur professeur dans leur démarche commune ? Quels objectifs sert-il ? À quels moments stratégiques devrait-il être proposé ? Quelles formes devrait-il adopter ?

Ses objectifs

Quels objectifs le transparent sert-il ? On sait qu'il joue un rôle de stimulateur de l'attention et de synthétiseur de contenus d'information. Il permet aux personnes dont le style d'apprentissage est davantage visuel de mieux saisir l'information. Il sert également d'aide-mémoire au professeur. Grâce au transparent, un étudiant peut recentrer son attention détournée et retrouver ce que ses distractions sporadiques ou prolongées lui auront fait manquer. Quand il est demandé aux étudiants de traduire schématiquement les concepts clés proposés durant le cours, et de les présenter à toute la classe sur le rétroprojecteur, le transparent peut servir d'activité d'intégration des apprentissages. Il sert alors de support direct à l'apprentissage actif et conscient des étudiants.

Ses usages

À quels moments faudrait-il recourir au transparent ? Ce support technique n'étant qu'un support, le professeur avisé l'utilise à trois moments cruciaux dans un cours :

• *Au début*, pour situer les étudiants quant aux contenus qui seront à l'ordre du jour.

• *Durant le cours*, dans un rôle de soutien :

– pour la synthèse des grandes lignes d'une partie de l'exposé magistral ;

– pour la clarification de certains concepts, ou pour la définition de certains termes clés ;

– pour les consignes à suivre, lors d'une activité individuelle ou de groupe.

• *Pour la clôture du cours*, comme moyen d'intégration de ce qui aura été vu auparavant.

Bien utilisé, le transparent sert les visées de l'enseignement stratégique de plusieurs façons :

• En début de cours, à l'étape de la contextualisation, il situe les étudiants quant au cheminement proposé en faisant le lien avec la matière déjà vue, la matière à voir et les aboutissants auxquels le cours va les amener. En effet, les cognitivistes ont clairement démontré l'importance pour la motivation de l'apprenant qu'il sache où il en est et où on veut l'amener (Tardif, 1992).

Tableau 4
Les transparents : situations-problèmes, effets produits et solutions

Situations-problèmes	Effets produits	Solutions possibles
Le professeur lit le texte et regarde constamment la projection sur l'écran, mais très peu les étudiants	Risque d'interruption de la communication, de baisse d'attention	Pointer de près avec un crayon ou de loin avec un pointeur le transparent sur la table du rétroprojecteur et faire face aux étudiants
Le professeur cache en partie l'écran en empêchant les étudiants de voir le texte	Des étudiants doivent se tordre le cou pour voir l'écran et perdent leur concentration	S'asseoir avec l'auditoire et regarder avec les étudiants le transparent ou faire face à la classe avec un long pointeur dirigé sur l'écran ou la table
Le professeur donne des explications abondantes sans avoir situé les étudiants dans le texte présenté et sans attendre que ceux-ci aient pris en note l'essentiel de son contenu	Les étudiants n'écoutent pas le professeur car ils sont absorbés par leur prise de notes et notent sans nécessairement comprendre	Faire une lecture en survol du texte, puis donner du temps pour que les étudiants prennent des notes. Ensuite donner des explications supplémentaires
Le professeur reprend mot pour mot ce qui est déjà reproduit dans le cahier de textes et de notes de cours des étudiants	Les étudiants se demandent à quoi leur sert d'être présents au cours « puisqu'ils savent lire »	Dire aux étudiants que le transparent se trouve à telle page, attendre que tous y soient, puis ajouter des explications et dialoguer avec le groupe
Le professeur lit simplement le transparent sans ajouter d'explications	Les étudiants prennent le texte en note et y voient moins de sens	Lire n'est pas inutile mais le nombre limité d'informations que doit contenir un transparent oblige à ajouter des explications
Le transparent reproduit un texte continu sur une page entière ou la photocopie d'une page de livre	Les étudiants ne parviennent pas à tout prendre en note	Un texte continu devrait faire partie d'un cahier mais jamais d'un transparent dont le rôle est de synthétiser les informations
Le transparent énumère un trop grand nombre d'éléments inclus dans de longues phrases	Les étudiants ne parviennent pas à tout prendre en note	Il faut limiter la quantité d'informations et privilégier la forme schématique pour attirer l'attention sur l'essentiel par des marqueurs d'importance

La quantité de transparents présentés est exagérée par rapport à la durée de l'exposé	Les étudiants perdent leur intérêt et souhaitent simplement avoir ces textes polycopiés	Limiter le nombre de transparents oblige à vraiment cibler l'information importante et évite de privilégier exagérément ce médium aux dépens d'activités variées
La taille des caractères imprimés est petite	Les trois quarts de la classe ne peuvent lire le texte	Utiliser des formats de 18 à 24 et 36 picas facilite la lecture pour tous et oblige à choisir l'information importante

• Durant le cours, en décontextualisation, la présentation d'un transparent brise la monotonie et ravive l'attention des apprenants en plus de faire le point, de vérifier ce qui a été saisi, noté, et même compris par les étudiants. En présentant les points d'ancrage essentiels, le transparent peut servir d'exemple du traitement d'une information qui a été schématisée. Le transparent peut constituer un prétexte pour une *pause d'apprentissage* durant laquelle le professeur revient sur des concepts, précise des définitions et offre aux étudiants l'occasion de s'évaluer formellement et de travailler à leurs *nœuds de difficulté* (Astolfi, 1996).

• À la fin du cours, le transparent doit illustrer un modèle schématique de synthèse des informations. Ce schéma peut être présenté juste avant une activité de transfert d'apprentissage que le professeur peut proposer aux étudiants dans une recontextualisation finale.

Son efficacité menacée

Mis à contribution dans des conditions qui risquent de brouiller la communication et d'entraîner des problèmes de compréhension, les transparents aident peu à l'apprentissage des étudiants. Dans le tableau ci-dessus, reprenant des situations problèmes reliées aux transparents, les effets généralement produits chez l'auditoire ainsi que des solutions possibles sont présentés.

En somme, le transparent peut s'avérer fort utile dans la mise en scène du cours si on l'utilise adéquatement et qu'on n'en abuse pas, car il devient alors un véritable repoussoir aux yeux des étudiants.

• Le recueil de textes du cours

Le recueil de textes que tous les étudiants d'un même cours doivent se procurer n'empêche aucunement l'achat d'un volume de base couvrant un ou des aspects essentiels de la discipline au programme, car les deux peuvent se compléter. Idéalement, un tel recueil comprend des textes produits par le professeur, des références bibliographiques, des références de sites WEB, des articles extraits de revues scientifiques ou professionnelles et si nécessaire, des extraits de textes officiels.

Il peut sembler banal de s'arrêter sur ce support communément utilisé dans l'enseignement supérieur, mais sa popularité incite à en questionner les tenants et les aboutissants. À quoi doit servir ce cahier ? De quoi devrait-il être composé ? Quels problèmes y sont associés ? Comment peut-on en retirer le maximum ? Quand devrait-on y recourir ? Le recueil doit servir de relais dans la communication didactique et de médiateur entre la matière à l'étude et l'étudiant afin que ce dernier puisse y accéder par des voies autres que celles proposées durant les cours par le professeur. Le recueil constitue un instrument qui sert à activer et à accompagner la démarche d'apprentissage de l'étudiant dans un objectif d'autoformation.

Ses usages

L'achat d'un recueil de textes devrait toujours s'avérer rentable pour les étudiants, au même titre que leur présence aux cours. En ce sens, un cahier de textes bien conçu peut servir divers objectifs :

• Pour préparer les étudiants à aborder un thème : la lecture de textes avant un cours vise à amener des questions, à réviser les connaissances antérieures, à survoler le sujet qui sera couvert au cours suivant.

• Pour faciliter la prise en notes des exposés magistraux : dans certains cas, les éléments essentiels prévus dans les exposés magistraux sont inscrits dans le cahier avec des espaces lignés entre chacun afin que l'étudiant puisse noter ce qu'il capte de l'exposé.

• Pour amener les étudiants à traiter l'information en vue de se l'approprier : les informations reçues dans les cours ou contenues dans les textes du recueil peuvent être complétées par des questions de niveaux taxonomiques divers auxquelles les étudiants peuvent répondre et d'activités individuelles ou de groupe qu'ils peuvent être invités à réaliser.

• Pour offrir aux étudiants l'occasion d'approfondir la matière : le cahier peut contenir des textes et des articles dans une section spéciale intitulée « Si vous voulez en savoir plus ».

• Pour permettre aux étudiants de réviser la matière : le cahier peut présenter des tableaux schématiques ou des schémas de concepts ; il peut contenir des textes abordant ou illustrant des idées clés du cours.

• Pour favoriser l'autoformation de l'étudiant : le cahier peut contenir des propositions pour orienter la lecture et l'apprentissage, des tests auto-diagnostiques pour vérifier les connaissances, des suggestions pour des applications et des transferts.

Ses composantes

Bien évidemment celles-ci découlent de l'usage que le professeur aura décidé de faire avec le recueil et de ses choix pédagogiques. Celui-ci favorise-t-il l'exposé magistral, l'exposé interactif ou l'apprentissage co-opératif ? Applique-t-il la pédagogie de projet, la méthode des cas ou l'approche par problèmes ? Selon chacune de ces méthodes, il s'agit pour le professeur d'organiser en un lien logique les activités prévues dans ses cours et le contenu du recueil. Il s'y trouvera donc des sections variées ou des chapitres contenant des notes de cours plus ou moins complètes, des schémas globalisant les éléments clés, des textes d'illustration, des exercices et des activités formatives avec consignes précises, une bibliographie annotée, etc.

Sa cohérence

Avant de parler de cohérence, il est utile d'examiner quelques incohérences régulièrement commises en toute bonne foi par bien des professeurs. Dans le tableau suivant sont présentés quelques exemples de ces incohérences qui ont des effets pernicieux tant sur l'apprentissage des étudiants que sur le climat de classe.

Tableau 5
Incohérences et effets négatifs reliés au recueil de textes mal conçu

Incohérences fréquentes	Effets négatifs
Le professeur présente durant les cours exactement le même contenu qui se retrouve mot à mot dans le recueil.	Les étudiants perdent l'intérêt, l'absentéisme augmente et, parfois, des comportements perturbateurs surviennent.
Le professeur demande de lire un texte pour un cours, mais il n'y fait pas référence par la suite.	Les étudiants ne voient plus le sens de cette lecture et presque tous ne lisent plus les textes.
Le professeur demande de lire un texte pour le prochain cours mais, même s'il demande aux étudiants s'ils l'ont lu en se contentant d'une vague réponse, il ne leur demande pas ce qu'ils ont retenu ou noté et présente au groupe les grandes lignes du texte.	Les étudiants qui ont lu ne voient plus la nécessité de s'efforcer de faire la lecture demandée puisque le professeur la fait pour tous.
Le professeur fait rarement référence au recueil.	Les étudiants ne s'en servent pas.
Le professeur ne propose jamais d'activités à faire en classe à partir des contenus du recueil.	Les étudiants se sentent floués car ils ont payé pour des pages qui ne leur servent qu'en partie.
Le professeur constate que bien peu d'étudiants font la lecture demandée et il prend sur lui de résumer le texte.	Les quelques étudiants zélés, qui lisaient ce qui était demandé, ne lisent plus.
Le recueil ne comporte pas de table des matières et les polycopiés sont brouillés ou mal découpés.	Les étudiants ne s'y retrouvent pas et déplorent la mauvaise qualité d'un produit pour lequel ils ont payé.

• *Quelques principes et stratégies d'utilisation du recueil de textes*

Les incohérences décrites plus haut et les effets négatifs qu'elles entraînent nous amènent à examiner les utilisations diverses qu'il est possible de faire du recueil de textes.

• Éviter les textes qui reprennent par écrit ce qui sera présenté oralement et privilégier les notes schématiques, les figures, les tableaux, les schémas de concepts, les textes complémentaires, les textes synthèses.

• Quand il est demandé aux étudiants de lire un texte en vue de se préparer au prochain cours, il faut *toujours* y revenir lors du cours suivant. Par exemple, poser directement des questions aux étudiants ou demander un petit travail sur la lecture les incite à s'exécuter et évite au professeur de donner un message paradoxal du type « Faites-le, c'est important, mais si vous ne le faites pas, ce n'est pas grave puisqu'on va tout voir ça en classe… »

• Les lectures demandées préalablement à certains cours devraient toujours faire l'objet d'une activité de révision animée durant le cours.

• La lecture préalable peut permettre d'amorcer un nouveau cours ou de contextualiser des connaissances avant de les aborder de manière plus décontextualisée, en termes de connaissances déclaratives ou procédurales.

• Dans son exposé, le professeur se réfère souvent au recueil et il précise alors les pages où cette information est consignée.

• Un professeur convaincu que les étudiants peuvent s'approprier plusieurs extraits de la matière, qu'ils sont bien placés pour le faire (niveaux de langage et de compréhension, point de vue, etc.) et qu'ils en retirent des avantages certains (qui a dit que « enseigner, c'est apprendre deux fois » ?), intègre dans le recueil plusieurs extraits des contenus prévus au programme. À l'aide de consignes bien précisées, des équipes coopératives de quatre ou cinq étudiants préparent un enseignement et le donnent à tour de rôle.

• La lecture d'un texte du recueil peut donner lieu à une répartition de tâches reliées à la lecture entre des dyades ou des sous-groupes, ou même entre des rangées d'étudiants. Le professeur prépare une série de questions qu'il répartit entre les groupes afin qu'ils y répondent par écrit avant de présenter leurs réponses au reste de la classe lors du cours suivant.

• La lecture demandée d'un article peut être accompagnée de consignes comme celles-ci : « formulez deux questions que vous pourriez trouver dans un examen ? » ; « inscrivez cinq mots clés extraits du texte et définissez-les dans le contexte présenté » ; « formulez deux questions que vous vous posez en lisant le texte » ; « identifiez un élément que vous ne comprenez pas bien » ; « précisez votre position en regard de ce que l'auteur écrit » ; « faites une liste des idées importantes du texte » ; « faites un schéma des concepts principaux du texte » ; « notez trois exemples du texte » ; etc. Les consignes contribuent à orienter la lecture des étudiants qui s'y investissent alors davantage, surtout si un suivi est fait. C'est le type de travail pour lequel une faible partie de la note globale peut être réservée, que le professeur n'a pas à corriger, mais simplement à enregistrer au fil du temps.

La mise en scène de l'enseignement requiert beaucoup de réflexion et d'attention pour que le message passe bien, pour qu'il soit correctement traité et bien intégré afin d'être transféré, c'est-à-dire être vraiment acquis par les étudiants qui s'en trouveront alors transformés (même minimalement). Toutefois, cette mise en scène qui correspond à la mise en forme du discours, même si elle demeure cruciale à cause du rôle imparti au professeur, doit savoir intégrer la parole de ceux à qui elle s'adresse et les considérer comme des partenaire d'échanges et d'actions, isolément ou en groupes.

▶ Le groupe comme partenaire pour donner la réplique

Centrer son enseignement sur l'apprentissage signifie pour le professeur déclencher un processus circulaire où la communication roule entre les partenaires : du professeur aux étudiants et vice versa, des étudiants aux étudiants, des groupes aux groupes. Cette position idéologique pousse le professeur à céder régulièrement sa place au centre pour être à côté et parmi ses étudiants, situation hasardeuse s'il en est une, mais enseigner n'est-ce pas gérer l'imprévu ? (Perrenoud, 1999).

Les effets positifs de la communauté d'apprentissage sont bien réels. On sait maintenant combien la formation de réseaux de soutien et de relation (Howden et Kopiec, 2000) joue un rôle déterminant dans l'engagement, la persévérance et la réussite aux études supérieures. Les variations sur le thème du groupe sont nombreuses : groupes coopératifs ou collaboratifs ; dyades en enseignement réciproque ; séminaires et projets d'équipes ; approche par problèmes analysés et résolus en équipe. C'est par les échanges en groupes que peuvent se construire les connaissances des étudiants qui y trouvent des occasions de questionner leurs savoirs et leurs représentations, de se situer en confrontation intellectuelle dans des conflits de savoirs, d'exercer leurs capacités d'actions et d'argumentation et surtout, d'apprendre la coopération et le travail de groupe.

Le groupe constitue un partenaire dans la classe et une ressource naturelle à laquelle le professeur devrait recourir régulièrement. Le partenariat implique un échange des apports personnels de chacun : il n'exclut donc pas l'apport spécifique de l'exposé du professeur, mais il relativise dans une juste proportion la place qu'il doit occuper. Dans ce partenariat, les étudiants prennent leur part de responsabilité dans l'apprentissage en étant des acteurs et pas seulement des auditeurs. Ce partage leur permet de profiter de l'expertise indispensable et attendue du professeur, tout en exerçant leurs compétences émergentes dans un milieu favorable à cet exercice. Dans la description des pauses d'apprentissage et des activités associées comme le questionnement ou l'élaboration de schémas de concepts, le groupe, les sous-groupes et les dyades peuvent fréquemment être interpellés. L'enseignement peut aussi se faire par des sous-groupes responsables de diverses parties du contenu de cours. L'importance de la parole donnée aux étudiants est évidente, car elle leur permet d'expliciter leurs savoirs en progression et de rectifier leurs erreurs. Ainsi, le travail en sous-groupe peut servir de banc d'essai pour exprimer des connaissances toutes neuves et clarifier des points obscurs, pour appliquer des savoirs et réaliser des projets. Les participants s'y sentent en général plus à l'aise que dans le grand groupe ou face au professeur et ils peuvent se permettre plus de spontanéité et d'ouverture. Lorsqu'elles sont bien orchestrées par le professeur, les activités d'apprentissage en petits groupes offrent des occasions idéales pour l'apprentissage actif, à partir de l'identification des savoirs jusqu'à leur analyse, leur intégration et leur transfert.

En somme, les petits groupes dans la classe représentent des partenaires dans la pièce qui a été mise en scène par le professeur, mais qui se joue par tous, pour tous et entre tous. Leur apport est précieux dans la qualité de la communication et surtout leur existence multiplie les circuits possibles d'échanges qui enrichissent les partenaires et qui peuvent s'harmoniser, à la condition que le metteur en scène y veille.

▶ **Conclusion**

Enseigner à l'université, c'est communiquer avec des personnes dans un échange incessant qui risque d'être embrouillé par une mise en scène improvisée, trop rigide, ou irrespectueuse des besoins des divers protagonistes de l'action. Ainsi que nous l'avons vu dans ce chapitre, cette mise en scène est exigeante dans sa forme et dans son fond et sa qualité dépend aussi beaucoup du scénario qui va se dérouler. C'est ce scénario qui est explicité dans le chapitre suivant.

4

Scénario
pour un enseignement
stratégique

• •

Alors qu'au chapitre précédent, le professeur/communicateur nous faisait évoquer l'image du metteur en scène qui ordonne « moteur, on tourne ! », nous faisons maintenant appel à celle du scénario qu'il s'agit d'esquisser et de mettre en scène. À partir d'une centration sur l'étudiant et l'apprentissage, et d'une réflexion sur la communication qu'il faut orchestrer dans la classe, comment peut-on planifier son cours, comment l'animer et intervenir, comment évaluer de façon utile, comment encadrer la démarche des étudiants ? Voyons des scénarios possibles, adaptables et réalisables qui se situent en cohérence avec nos positions de base.

▶ Élaborer un projet de formation

Il ne suffit pas de bien connaître sa « matière » pour que cette matière se transforme, au moment d'entrer en classe, en stratégies d'apprentissage. On sait très bien qu'une improvisation réussie repose sur un canevas très précis. Cependant, il est de coutume pour bien des professeurs, de considérer le plan de cours comme une table des matières du contenu à couvrir au cours de la session. De toute évidence, le contenu demeure un élément essentiel d'un cours mais il n'en constitue pas le projet de formation. Notre façon de penser la formation influence donc la manière de concevoir le plan de cours, de même que les documents afférents. Si enseigner, c'est transmettre des connaissances, le plan de cours centré sur la description du contenu suffit. Si enseigner, c'est faire apprendre, alors cela nécessite que le plan de cours soit élaboré comme un projet, comme un scénario qui va se développer au cours de la session et donner forme à une façon de vivre l'apprentissage. C'est à cette deuxième option que nous adhérons.

Le projet de formation implique l'élaboration d'un plan d'enseignement et d'apprentissage. Le plan de cours est donc un outil pour le professeur et pour l'étudiant. La remise d'un plan de cours est plus qu'une contrainte administrative. Comme pour un scénario de film, le plan de cours servira à toutes les personnes impliquées dans le projet, allant du réalisateur, aux acteurs et aux techniciens. Dans l'enseignement, le plan de cours permet au professeur de s'autoréguler en quelque sorte, c'est-à-dire de se donner des balises qu'il devra suivre tout au long du déroulement des rencontres. C'est un guide, une mémoire pour le rappeler à ses convictions, à son scénario de départ. Plusieurs éléments y seront présentés : les thèmes des rencontres, les activités d'enseignement et d'apprentissage telles qu'elles doivent s'enchaîner, ainsi que les moyens d'évaluation. Cet ensemble reflète les conceptions du professeur au plan des contenus et à celui des rôles répartis aux acteurs. C'est en réalisant son plan de cours et en prévoyant des manœuvres pédagogiques que le professeur décide de se confiner dans sa zone de confort ou de s'aventurer plus loin dans une zone souvent peu explorée pour lui.

Pour l'étudiant, le plan de cours constitue un outil de référence qui précise le contrat pédagogique proposé entre les parties, puisque sont explicitées les règles du jeu, c'est-à-dire la manière dont l'apprentissage va se vivre à l'intérieur de ce cours. Il y retrouve les travaux préalables au cours, les stratégies d'apprentissage qui le concernent directement (résolution de problèmes, étude de cas, retour en commun sur les lectures, exposé oral…). Le plan de cours lui indique également les dates de remise des travaux prévoyant de cette manière son plan d'étude, de recherche ou d'écriture. Il devient partenaire de la formation.

La configuration d'un plan de cours est variable et témoigne de nos préoccupations éducatives. Ce qui importe est d'établir la cohérence interne du plan de cours. Cette cohérence doit se retrouver dans le discours en classe, dans les stratégies pédagogiques, didactiques et évaluatives. Il s'agit en fait de maintenir un équilibre, pour reprendre l'idée de Meirieu (1996), entre le *dire* et le *faire*. Nous verrons, dans ce chapitre, comment cette cohérence n'échappe pas à la nécessité de définir son paradigme de référence.

▶ La planification du plan de cours

L'expression *plan de cours* est le terme générique utilisé pour désigner le programme de formation du professeur. Le plan de cours est une représentation schématique de ce que comportera un cours en termes d'objectifs, de contenus, d'activités d'apprentissage, d'exigences, de modalités d'organisation et d'évaluation des apprentissages. Scallon (1988) associe au plan de cours trois fonctions essentielles : une fonction de clarification, une fonction de communication, et une fonction de régulation des apprentissages. Une fonction de clarification, puisque sont explicitées les exigences du cours et la manière d'atteindre les objectifs ciblés. Une fonction de communication avec l'étudiant qui peut à tout moment se référer au plan de cours pour vérifier son parcours et gérer ses apprentissages et ses travaux. Un outil de régulation, pour s'assurer de part et d'autre que les objectifs poursuivis sont atteints et que les stratégies d'apprentissage sont efficaces. On voit tout de suite que travailler de la sorte c'est « ouvrir son jeu dès le départ », ce qui a comme effet de partager le pouvoir avec les étudiants qui peuvent vérifier si l'enseignant respecte le plan de cours et qui éprouvent au début la sensation d'être devant une vitrine de magasin où tout est offert à la vue de tous. Avec le temps, les avantages émergent de façon plus évidente. La planification et la présentation d'un plan de cours clair et précis imposent une certaine cohérence : on sait où l'on va, pourquoi on y va et de quelle manière. Un autre avantage concerne l'évaluation des apprentissages puisque cette évaluation est décrite et négociée au début de la session : on évite ainsi les interminables discussions sur les critères d'évaluation, l'enjeu étant précisé au départ.

• *L'arbre de concepts*

Les sessions universitaires sont régulièrement séparées par de courtes pauses d'une ou deux semaines. Ce qui laisse peu de temps au professeur pour préparer son cours. Il lui faut, bien souvent, procéder par retouches. Il vient cependant un temps où l'investissement à la préparation d'un cours s'impose. À ce moment précis, il importe de revenir sur les valeurs qui dictent son enseignement et sur celles qui guident la discipline et la position de ce cours dans le programme. Exercice laborieux au départ, que peu d'enseignants acceptent de faire. Pourtant, l'élaboration d'un *arbre de concepts* représente pour l'enseignant une démarche efficace sur le plan épistémologique. Cette démarche permet de retracer les grands concepts d'un cours, de les relier entre eux par des réseaux de significations, d'identifier les fondements de l'apprentissage et ses enjeux. Pour Novak (1991), l'élaboration d'un arbre de concepts comporte quatre étapes fondamentales : l'identification des concepts clés, l'organisation et la hiérarchisation des concepts, l'établissement des liens significatifs et la validation de la signification interne. La configuration d'un arbre de concepts varie selon qu'il s'agit d'une stratégie de communication du projet du cours ou d'une stratégie d'intégration des apprentissages. L'exemple qui suit répond à une stratégie de communication entre les professeurs d'abord, puis avec les étudiants.

Tableau 6
La danse au primaire DAN 4111 (session hiver 2000)

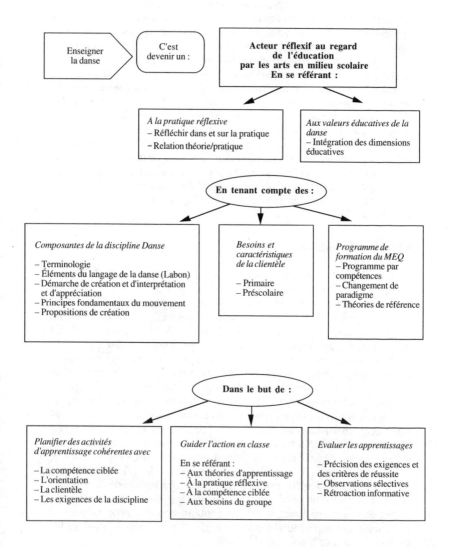

• *La danse au préscolaire/ primaire*

La production d'un schéma conceptuel constitue une étape utile et féconde pour saisir les enjeux d'un cours et la cohérence de nos choix. Cela permet notamment de discriminer ce qui est de l'ordre des apprentissages essentiels, complémentaires ou secondaires, car tout n'a pas la même valeur. Ce schéma peut être présenté aux étudiants en guise d'introduction au cours et être reproduit dans le recueil de textes, comme outil de référence. Le principe du schéma peut être repris à divers moments sous formes d'activités d'intégration des apprentissages.

*La détermination des compétences cibles
et des objectifs d'apprentissage*

Explicitée dans le premier chapitre de ce livre, la compétence réfère essentiellement à des schèmes d'actions logiques, qui se définissent au regard de la particularité et des exigences d'une situation, d'un contexte donné. Or, pour mobiliser un schème d'actions, il faut savoir identifier le sujet, poser les bons gestes cognitifs, moteurs ou sociaux, et adopter la bonne attitude, compte tenu des contingences du milieu. Il s'agit donc de développer une stratégie d'actions plus rapide et plus efficace. C'est l'art de l'exécution, nous dit Perrenoud (1997), entendant ici l'action réfléchie, instruite et critique. Donc travailler les compétences ne veut pas dire tourner le dos aux savoirs (Perrenoud, 1998). Il s'agit bien d'adopter, au moment de la planification, une posture qui favorise davantage une mobilisation de l'étudiant vers la résolution de situations complexes et intégrantes plutôt que vers l'acquisition d'une grande quantité de connaissances. Comme acteur de programmes par compétences, l'enseignant doit savoir y recourir et en tirer parti, d'autant que le concept de compétence « amène à faire moins de choses, à s'attacher à un petit nombre de situations fortes et fécondes, qui produisent des apprentissages et tournent autour de savoirs importants » (Perrenoud, 1997, p. 84).

L'approche par compétences devient un passage obligé si on ne veut pas rater la véritable cible, soit l'intégration et le transfert des connaissances (Tardif, 1998). Peu de professeurs enseignent en vue d'un transfert d'apprentissage chez leurs étudiants et agissent comme si ces derniers avaient simplement à se débrouiller seuls avec ça ! Or, le développement d'une compétence suppose la mobilisation, tant des connaissances déclaratives, procédurales, que des connaissances conditionnelles. Ces connaissances guident la démarche d'apprentissage, elle-même transposée dans un contexte complexe, près du réel ou dans cette direction.

Quand un professeur définit l'organisation d'un cours à partir de compétences, il induit un style d'enseignement, d'apprentissage, un mode d'évaluation et d'encadrement particulier comme nous l'indiquent ces exemples d'objectifs de compétences[1].

• Planifier des activités d'apprentissage pertinentes aux compétences visées et aux caractéristiques de la clientèle et du contexte.

• Utiliser un mode de communication et un contenu de communication appropriés aux exigences de la tâche et à un climat de travail favorable à l'intégration et au transfert des apprentissages.

• Utiliser certains principes et pratiques de l'enseignement stratégique pour produire des apprentissages plus pertinents, au plan du transfert des connaissances et des compétences.

• Appliquer l'approche réflexive pour évaluer la pertinence et l'efficacité de sa communication en classe.

Qu'ont en commun ces objectifs ? Ils ne réfèrent pas exclusivement à des contenus (par exemple « identifier les caractéristiques de la révolution russe ») mais ils supposent que l'étudiant se réfère à un certain nombre de connaissances, qu'il les intègre et les utilise efficacement dans des situations complexes telles la résolution de problèmes, l'analyse de cas ou le micro-enseignement.

L'organisation séquentielle du cours sur la session et chacune des rencontres

Planifier un cours sur le plan vertical constitue une action simple et courante pour tous les professeurs. Ils répartissent la matière au programme du cours entre les diverses rencontres prévues. Il s'agit d'un découpage auquel on ne peut échapper, à moins de procéder par problèmes, approche dans laquelle un découpage transversal est essentiel au départ. La verticalité fait ici référence au déroulement dans le temps et à la progression des apprentissages, en fonction des compétences cibles. Mais après cette première étape, le travail de planification ne fait que commencer.

Il faut aussi et surtout, planifier dans une logique à l'*horizontal*. Cela signifie planifier l'enseignement de chaque rencontre et assurer une cohérence interne à chacune. Ainsi, une fois les compétences cibles isolées et les sous-objectifs précisés, il faut pouvoir établir un lien avec les contenus concernés, puis, prévoir des stratégies d'enseignement adaptées, des activités d'apprentissage et d'intégration pertinentes ainsi que des activités d'évaluation. Le plan de cours, conçu horizontalement, oblige également à vérifier l'équilibre entre la relative importance de chaque objectif, du temps qui y sera consacré, des exigences en termes de travail demandé pour atteindre cet objectif et de la valeur accordée à ce travail en terme d'évaluation. Par

---

1. Compétences visées dans le cours, *La communication dans la classe*, UQAM.

exemple, le fait de prévoir un court exposé entrecoupé de pauses d'apprentissage, va exiger de préciser les activités de ces pauses en lien avec les objectifs, les contenus et l'évaluation, ou en lien avec les activités de liaison (par exemple, les lectures demandées aux étudiants en préparation au cours suivant).

Tableau 7. Exemple d'une planification de cours *à l'horizontale* [2]

	Objectif particulier	Éléments de contenu	Activités d'enseignement	Activités d'apprentissage	Activités d'intégration et de transfert	Activités d'évaluation et de liaison
1er crs	Introduire et briser la glace	• objectifs • les étudiants • conceptions du professeur • styles • scénarios divers • questions à se poser • plan du cours	• présentation • briser la glace • bref exposé interrogatif • explication préalable • lecture explicative	• dyade d'échange et exercice d'écoute • définitions du groupe • brainstorming • retour au passé • questions-suggestions-objections	• à 4, noter les points importants, poser des questions de test et prévoir les réponses • faire une liste des questions sans réponses	• lire le texte du cahier de cours sur les styles d'enseignement, noter en deux pages ce qu'on trouve important et justifier ce choix
2e crs	Se familiariser avec les divers courants existant en pédagogie	• encyclopédisme, behaviorisme, humanisme, cognitivisme • illustrations dans l'enseignement	• exposé magistral avec transparents	• pauses d'apprentissage • grille d'observation des influences	• petit post-test individuel • grille d'observation • mise en commun	• lire un des textes sur les courants pédagogiques, noter ce qu'on trouve important et justifier • appliquer la grille d'observation à un cours vécu
3e crs	Développer et suivre une démarche cohérente d'enseignement (planification)	• élaboration d'un cours : objectifs général et particulier ; objectifs de compétence ; équilibre évaluation ; type d'activités	• exposé interactif	• prise de notes • questions	• identification d'un domaine de connaissance commun • élaboration d'un plan de cours en sous-groupe	• réaliser l'élaboration d'un plan de cours personnel

2. Extrait du cours, *Stratégies d'enseignement au postsecondaire*, EDU7490, automne 1998.

Cette planification *à l'horizontale* s'impose pour le professeur qui vise avant tout l'apprentissage réel des étudiants. Cela demande du temps, de l'audace et beaucoup de cohérence entre les principes pédagogiques et les actions à poser. Du temps, car il faut réfléchir, faire des choix, se remettre en question, vérifier constamment la logique de ses choix et leurs liens. De l'audace, car il faut oser quitter son *périmètre de sécurité*. De la cohérence, car les activités proposées doivent servir l'atteinte des compétences visées et non l'intérêt premier pour le contenu. Ce type de planification a l'avantage d'éviter les improvisations qui ne sont pas toujours heureuses (voir page 97 un exemple de planification *à l'horizontale*).

L'explicitation des enjeux du cours

Le plan de cours constitue une sorte de contrat que le professeur propose aux étudiants. Contrairement aux contrats frauduleux, tout doit y être lisible et aucune clause ne doit y figurer au verso, en bas de page en lettres minuscules, ou dans le non-dit et le non-écrit. Les éléments constitutifs du plan doivent donc être clairement explicités. Cette explicitation doit pouvoir se constater dans les objectifs définis au départ, dans les stratégies pédagogiques annoncées, dans les contenus répartis sur un calendrier et, par-dessus tout, dans l'évaluation des apprentissages. Le plan de cours doit informer clairement les étudiants sur les engagements qu'ils prennent en suivant le cours. Toutefois, l'explicitation ne se limite pas seulement à l'évaluation, elle concerne aussi toutes les parties du plan de cours, dont la démarche de travail. En voici un exemple.

Une démarche de travail explicite

Ce cours [3] comporte trois axes autour desquels seront abordées les réalités de la recherche et de la création : problématique, cadre théorique, domaine de référence, méthodologie, outils de recherche et de création. La formation s'élabore collectivement par l'interaction entre tous les participants et les partenaires associés au déroulement du cours. Les cours se présentent essentiellement comme des séminaires où sont exposées, discutées, et alimentées des problématiques de recherche.

1. La pratique artistique comme objet d'investigation en l'associant à un cadre théorique de référence. L'étudiant est invité à présenter au groupe, un résumé de lecture en utilisant la grille d'analyse qui lui sera fournie. Il s'agit d'un mode de communication d'informations riche et susceptible d'alimenter les problématiques de l'interdisciplinarité.

---

3. Démarche proposée dans le cours Séminaire de recherche et de création I-EPA 9000 (3 crédits) au doctorat en études et pratiques des arts.

2. La pratique artistique comme sujet de recherche. On retrouve ici divers conférenciers invités à présenter la problématique de recherche, les problèmes méthodologiques rencontrés et les solutions apportées pour cheminer. Les étudiants seront invités à lire les textes d'accompagnement qui seront fournis à l'avance en vue d'enrichir la discussion qui suivra chacune des présentations. La question de recherche de l'étudiant et son évolution seront travaillées au cours d'exercices d'investigation proposés lors des rencontres.

3. La problématique de recherche de l'étudiant. Chaque étudiant est amené, au cours de la session, à présenter sa question ou problématique de recherche, les influences et le cadre théorique qui le guident et les voies méthodologiques qui lui semblent appropriées. Sous forme de séminaire, l'étudiant disposera d'une période d'une heure pour exposer son travail et réagir, par cette mise à distance, aux réflexions et interrogations du groupe. Des rencontres d'encadrement individuelles sont prévues le mercredi matin avec un des professeurs du cours.

Utilisation explicite des textes et des livres de référence

Le recueil de textes, véritable document d'accompagnement des étudiants, représente un outil qu'il faut utiliser en fonction du plan de cours, de la pédagogie prévue et des activités d'apprentissage proposées aux étudiants, activités dont il faut retrouver une description et un usage explicites dans ce plan. Dès la première rencontre, lors de la distribution du plan de cours, il est également essentiel de montrer aux étudiants l'usage qu'on fera des livres recommandés. Ce geste va convaincre les étudiants de l'importance accordée aux lectures et aux travaux associés à l'apprentissage durant le cours. Le plan de cours permet d'expliciter cet usage et le tableau qui suit en propose un exemple.

Tableau 2. Un exemple de la place du recueil et du livre dans un plan de cours [4]

Date	Objectif particulier	Éléments de contenu	Activités pédagogiques et d'apprentissage	Activités de liaison
6e cours	Décrire et expliciter divers modèles d'enseignement	– L'approche par problèmes et la méthode des cas – exemple d'un plan de leçon – lien avec une conception de l'apprentissage	– Problèmes à analyser et à résoudre en sous-groupes – Analyse du processus – Synthèse sur l'APP et la méthode des cas	Lecture en groupe Trois textes : Forcier (90) ; Howe (91) ; Howe et Ménard (93)

4. Extrait du cours *Stratégies d'enseignement au postsecondaire*, EDU7490, automne 1998.

▶ L'intervention dans les cours : un scénario en équilibre dynamique

Si le scénario écrit dans le plan de cours est suffisamment détaillé et précis, l'improvisation intempestive sera écartée tout au long de l'action, au profit de petits ajustements apportés au besoin. Un fait est certain : dans une telle situation, toute l'équipe de travail se sentira rassurée et chacun pourra donner le meilleur de lui-même. Les étudiants apprécient un cours bien structuré, un professeur qui sait où il va, tout en goûtant la variété dans les activités et les rôles. C'est donc l'équilibre qu'ils recherchent avant tout.

• *Équilibre entre la place du professeur et celle des étudiants*

Le professeur doit prendre la place qui lui revient et pas davantage. Il est là parce qu'il détient une expertise dans un domaine et qu'il sait comment communiquer son savoir. Cependant, il sait aussi que l'apprentissage ne se fait pas par osmose ou par transfusion, mais dans une coconstruction de connaissances à laquelle il faut s'activer. Les étudiants ont donc une place importante comme acteurs au centre de l'action et même si certains revendiquent un rôle de spectateurs, la plupart veulent entrer dans le jeu.

• *Équilibre entre l'écoute, l'interactivité et l'action*

Les étudiants ont besoin de voir et d'entendre, mais aussi d'expérimenter le contenu, la démarche présentée. Que ce soit à cause des styles d'apprentissage différents d'un étudiant à l'autre, des exigences de la mémoire de travail (Tardif, 1993), ou des exigences du cerveau humain qui est en perpétuelle construction de connaissances, les étudiants apprennent lorsque leur attention au discours est sélective, orientée vers des concepts clés, des ponts d'ancrage capables de guider le traitement de l'information. Et l'étudiant apprend d'autant plus qu'il peut échanger ce qu'il sait avec un collègue, avec le professeur dans un langage (verbal ou écrit) organisé, structuré et conceptualisé (Vygotsky, 1985). Ce savoir devra aussi être mobilisé et confronté dans des problèmes complexes qui dépassent la simple application. Les étudiants ont donc besoin d'un professeur qui communique de l'information, certes, mais aussi qui ouvre le dialogue et se préoccupe du sens des apprentissages, en poussant la démarche jusqu'à la recontextualisation dans des problèmes ou situations complexes.

• *Équilibre entre l'expertise du professeur et leur propre expression*

Les étudiants ont besoin d'admirer le professeur dans ses connaissances, mais aussi dans ses comportements d'écoute, de remise en question, d'échange de réflexions et de savoirs. Un cours qui se limiterait à leur propre expression les laisserait sans doute insatisfaits et l'inverse est aussi vrai.

• *Équilibre entre les analyses et les synthèses*

Tout en appréciant le déroulement d'une pensée dans tous ses méandres, les étudiants veulent aussi s'exercer eux-mêmes à la décortication d'une thèse. S'ils apprécient les analyses savantes, ils ont également besoin que le professeur réalise des synthèses : synthèses de ses propres idées et de celles des autres ; synthèses présentées explicitement sous forme de brefs discours, de mots clés ou de schémas. Ils s'attendent aussi à s'exercer à la synthèse et à la schématisation car ils ont en tête une préoccupation d'efficacité, d'utilité.

• *Équilibre entre le travail individuel et collectif*

Même si la coopération est prônée dans bien des domaines depuis quelques années, les enseignants devraient veiller à un juste partage entre le travail individuel et le travail collectif, tant pour l'animation en classe que pour l'évaluation des travaux. Durant un cours, le groupe doit être vu et animé comme une communauté d'apprentissage où la connaissance se construit par les échanges entre les protagonistes. Toutefois, les individus doivent y occuper une place prépondérante, d'abord à cause de leur apport personnel, mais aussi parce que l'apprentissage revient toujours à chacun, lequel doit faire un travail intérieur qui exige concentration et isolement.

• *Équilibre entre la routine et les imprévus*

Le professeur et les étudiants ont besoin d'établir une sorte de routine dans les cours, routine qui prend la forme de rituels de travail, d'une amorce aux cours ou d'une organisation globale. Ainsi, certains professeurs se présentent en classe toujours avant (ou après) leurs étudiants. D'autres, dès leur entrée en classe, inscrivent l'ordre du jour au tableau tandis que les étudiants prennent place dans la salle. D'autres encore attendent que tous soient assis pour commencer, alors que certains circulent entre les rangées pour saluer les étudiants et parler avec eux. Chaque professeur adopte sa propre méthode, tant au début du cours que pour la suite. Les rituels sécurisent, on le sait, mais créent inexorablement de l'ennui s'ils ne sont pas entrecoupés de changements de rythme. L'ennui s'infiltre insidieusement et coupe les ailes aux meilleures intentions. Par exemple, les étapes simplifiées de l'enseignement stratégique, contextualisation, décontextualisation et recontextualisation, toujours suivies dans le même ordre, deviennent très routinières après quelques rencontres. De même, reprendre toujours le cycle « exposé-questions-exercice-ou-application » se révèle au bout de quelques semaines d'un usage éminemment prévisible. Même l'apprentissage coopératif, quand les rôles restent figés, les projets d'équipes toujours similaires et la démarche suivie immuable, se révèle d'un ennui mortel. Tout professeur a donc avantage à varier les stratégies pour surprendre les étudiants, créer une diversion, un changement de rythme et un climat de travail dynamique, sans toutefois tomber dans l'improvisation brouillonne.

La planification du plan de cours, dans le double sens vertical et horizontal, permet justement à la fois de répéter consciemment certains types d'activités, mais aussi de les varier en fonction de ce qui a précédé et de ce qui va suivre. Les professeurs appréciés des étudiants préparent leurs cours en ayant pour principe d'éviter que leurs étudiants ne sombrent dans la léthargie engendrée par une routine excessive, tout en conservant quelques rituels qui font que ceux-ci ont le sentiment de se trouver en terrain familier.

• *Équilibre entre le sentiment d'ignorance et celui de compétence*

Les étudiants espèrent que leur professeur va leur enseigner quelque chose et qu'ils sortiront gagnants de leur cours. Voilà une attente légitime qui contient en soi une évidence. Au-delà des motivations utilitaires liées à la carrière envisagée, motivations qui ont de tout temps existé, les étudiants veulent apprendre et ne pas perdre leur temps. Ils savent qu'ils ont beaucoup à apprendre, ils sont conscients d'être des novices dans ce domaine, ils s'avouent intérieurement leur ignorance, mais ils n'apprécient pas qu'on la leur brandisse sous le nez. D'ailleurs, il s'agit d'un état bien relatif d'ignorance. Ils ne se présentent pas à l'université comme des *tabula rasa*, des *terres vierges* pourrions-nous dire, mais avec un bagage dont souvent ils ne soupçonnent pas eux-mêmes la richesse. Oui, le professeur doit démontrer un savoir et une expertise que l'étudiant n'a pas, mais il doit aussi mettre à jour les connaissances et les expériences antérieures des étudiants, leur permettant ainsi d'accéder au nouveau savoir et de le raccrocher à l'ancien. L'amorce du cours, quelles que soient les formes qu'elle adopte, sert à construire chez les étudiants un sentiment de compétence et la motivation essentielle à la construction des connaissances qui vont suivre.

• *Les rôles du professeur dans l'intervention pédagogique*

Prévoir un enseignement centré sur l'étudiant ne signifie pas que le professeur s'efface entièrement, les étudiants ayant besoin de *maîtres* auprès desquels apprendre, mais qu'il exerce son rôle comme celui d'un expert, d'un modèle, d'un médiateur, d'un stratège, d'un entraîneur (Tardif, 1993).

En quoi le professeur est-il un expert ? On n'enseigne que ce que l'on sait, que ce que l'on est. Au niveau de l'enseignement supérieur, l'expertise est indispensable pour *qualifier* la formation. L'expertise dans un domaine se caractérise par la capacité de l'expert à isoler les concepts clés de la discipline, à organiser les contenus, à les expliciter et à les exemplifier, à en relier les parties et à les hiérarchiser, à sceller en quelque sorte les éléments bien définis. Le professeur doit donc faire la démonstration de son expertise, dans son domaine d'abord, mais aussi en enseignement. C'est d'ailleurs ce que les étudiants attendent à tout le moins de leurs professeurs et nous leur donnons entièrement raison. L'expertise en enseignement permet de rejoindre les étudiants là où ils sont rendus, soit dans leur *zone proximale de développement* (Vygotsky, 1985) et de les amener, par des manœuvres pédagogiques, à évoluer vers de nouveaux savoirs qu'ils s'approprient.

En quoi le professeur est-il un modèle ? Le professeur se montre tel qu'il est, comme un individu qui a évolué avec des efforts, de la persévérance et des choix. Cela se concrétise alors qu'il exprime à voix haute, devant les étudiants, les questions qu'il s'est posées et celles qu'il n'a pas résolues, les problèmes qu'il a rencontrés dans sa démarche d'apprentissage, les difficultés qu'il est parvenu à surmonter et les moyens qu'il a pris. Il recadre l'erreur en démontrant que ses propres erreurs ont contribué à le faire avancer dans ses connaissances. En ce sens, il devient un modèle réel et non idéalisé sur lequel les étudiants peuvent adapter leur propre démarche. Cette modélisation rejoint également la métacognition, quand le professeur explique et fait la démonstration des stratégies qu'il prend pour réaliser des tâches cognitives.

En quoi le professeur agit-il comme médiateur ? Le professeur sert de courroie de transmission entre l'étudiant et la matière, car c'est par son entremise que celui-ci y a accès, du moins dans la majorité des cas. On considère de plus en plus le rôle des banques de données informatisées et des ressources sur le WEB, mais ces réserves de savoirs nécessiteront, pour longtemps encore, la participation des experts, non seulement pour y guider les étudiants, mais pour en réaliser le contenu. La médiation que réalise le professeur consiste généralement à choisir les documents pertinents et à les mettre à jour, à organiser les contenus pour en déceler les nœuds de difficulté comme les éléments essentiels, les aspects majeurs et leur articulation, pour en faciliter la compréhension.

En quoi est-il un stratège ? Autant lors de l'intervention pédagogique en classe que de la planification du cours ou de l'évaluation des apprentissages, il importe que des moyens soient mis en place pour que l'apprentissage ait vraiment lieu. En cela, le professeur doit se révéler un fin stratège qui réussit à mobiliser ses étudiants afin qu'ils acquièrent, traitent, intègrent et parviennent à transférer les connaissances. Pour paraphraser Meirieu (1999), le professeur doit tout faire avant, pour que ses étudiants fassent tout, pendant et après. De plus, ses stratégies doivent constamment tenir compte de la dimension motivationnelle : garder les buts bien en vue, revoir régulièrement le chemin parcouru, donner des renforcements et des rétroactions, stimuler le sentiment de compétence et l'estime de soi, instaurer un climat chaleureux, offrir des choix, conférer du sens aux activités, relier à la vraie vie (Barbeau, Montini et Roy, 1996).

En quoi est-il un entraîneur ? Nous avons déjà évoqué dans un chapitre précédent la place et le rôle de l'entraîneur qui prévoit les jeux, qui distribue entre ses joueurs des rôles stratégiques, leur démontre les gestes à poser, les encourage et tente de les placer là où leurs capacités peuvent le mieux s'exercer. De plus, l'entraîneur organise des périodes d'exercices systématiques visant à améliorer la performance des joueurs. L'entraîneur ne se place au milieu du terrain qu'à des moments stratégiques de la partie, afin de faire une démonstration, d'expliquer une manœuvre ou de provoquer un échange en groupe. De la même façon, le professeur entraîne ses étudiants à aborder des contenus avec lesquels ils ne sont pas très familiers, malgré les quelques connaissances ou expériences antérieures qu'ils aient pu avoir.

• *De l'approche stratégique à l'enseignement*

Entre être convaincu de la nécessité d'aider l'étudiant à apprendre et la transformation de ses habitudes d'enseignement, il y a tout un pas à franchir, toute une nouvelle logique à trouver et à maîtriser. Effectivement, il faut reconsidérer l'organisation du cours autour de compétences cibles et anticiper des stratégies de médiation qui vont permettre le développement d'habiletés cognitives et métacognitives, le but étant de provoquer la rupture nécessaire avec des connaissances antérieures pour pouvoir reconsidérer les nouvelles informations sous un angle nouveau. En proposant l'enseignement stratégique comme toile de fond, nous ne l'érigeons pas en icône, mais nous tentons d'exploiter le potentiel dynamique qu'il représente en offrant des repères simples et évocateurs de réalités d'apprentissage. Nous proposons donc d'entrer en classe et d'observer ce qui se passe lorsqu'un professeur tente d'adopter le scénario de l'enseignement stratégique en vue de mobiliser ses étudiants vers la construction de connaissances.

1. La contextualisation dans le cours

Présentation de l'ordre du jour

Dès son entrée en classe, le professeur indique explicitement au tableau le déroulement du cours. Ces informations concernent le contenu, mais aussi les stratégies de travail privilégiées. C'est une façon de contextualiser la rencontre. Par exemple, cela pourrait prendre cette forme :

• Retour sur les textes préparatoires.

• Trois courants pédagogiques : behaviorisme, constructivisme, cognitivisme (exposé magistral).

• Travail de schématisation en sous-groupes et présentation.

• Retour synthèse.

Ou bien, cette forme :

Plan du cours sur l'apprentissage coopératif[5] (3 heures)

Objectif visé : se familiariser avec les grandes caractéristiques de ce modèle.

1. Connaissances et expériences antérieures (10 min)

2. Mise en situation : lecture coopérative selon le modèle du *puzzle* (1 heure)

3. Objectivation : (10 min) – vos observations

4. Quelques données théoriques (30 min) : fondements, principes, exemples, lien avec une conception de l'apprentissage

5. Essai d'application : équipes à 3 ou 4 (60 min.) par discipline

Le recours aux textes

La formation des groupes de lecture étant déterminée au début de la session, l'enseignant n'a pas à reformer les groupes et gagne ainsi du temps. La tâche qu'il donne à l'avance (par exemple : isoler les trois idées fortes du texte, trois questions d'examen, trois concepts) et l'exigence de synthétiser l'information et de la schématiser sur un transparent ritualisent l'activité. On sait sur quoi travailler et comment. Les rôles sont définis pour le travail en équipe et changent d'une semaine à l'autre : un animateur, un scribe, un gestionnaire du temps et un communicateur au groupe classe. L'activité dure environ une quinzaine de minutes et le responsable de chaque équipe vient présenter à la classe le résultat du travail. De fait, chaque équipe est responsable de la lecture d'un texte spécifique et de la diffusion de ce texte auprès du groupe, le but étant de faire circuler l'information. Cette pratique s'applique à tous les cycles universitaires.

La contextualisation du contenu peut donc s'opérer par le biais des textes de référence. On fournit ainsi un point d'ancrage, sur lequel l'étudiant pourra greffer plus significativement les informations qui lui seront communiquées et qu'il devra traiter.

Le questionnement

La contextualisation s'effectue aussi par le biais des connaissances antérieures sur le mode de questionnement dirigé vers la mise en

---

5. Voici un exemple extrait du cours Stratégies d'enseignement au postsecondaire, EDU7490 (cours de deuxième cycle).

contexte des concepts ou des théories de référence, par exemple, « Qu'est-ce que vous connaissez des behavioristes, à quoi ce courant fait-il référence? Si je vous dis Skinner ou Mager, ça vous dit quoi ? » La contextualisation peut aussi passer par les représentations, par exemple, en posant une question comme celle-ci : « Si je voulais dessiner la mémoire, comment est-ce que je ferais ? »

2. *La décontextualisation dans le cours*

Après avoir amorcé le sujet du cours et enquêté auprès des étudiants sur leurs connaissances antérieures, ou après avoir établi des liens avec le cours précédent, le professeur présente le contenu du cours sous la forme d'un exposé magistral [6], mais interactif. Il présente d'abord le plan de son exposé au tableau ou réfère ses étudiants à un schéma présenté dans le recueil de textes et il prévoit des pauses d'apprentissage : par exemple, il peut demander aux étudiants d'identifier, en dyades, un aspect clair de l'exposé et une question qui pourrait aider à la compréhension. Le fait d'avoir contextualisé le contenu assure une logique entre ce qui est amené et ce qui a été vu précédemment. Ce précédent rappel aux connaissances antérieures permet aussi d'établir des liens en relevant les représentations ou les connaissances fausses, en valorisant les expériences des étudiants, en leur insufflant un sentiment de compétence, et en donnant du sens au contenu. De fait, la décontextualisation réfère à l'étape de théorisation et de mise à distance des théories et des concepts qui supportent une discipline et la déterminent.

Cette étape de l'enseignement stratégique (qu'on simplifie énormément dans le cadre de ce livre) sert essentiellement à transmettre l'information. Plusieurs spécialistes de l'enseignement se sont demandés à quoi pouvaient servir les exposés magistraux et quand devrait-on les utiliser. Pour McKeachie (1986, p. 65), l'exposé magistral est utile :

– pour aider les étudiants à s'approprier des informations *nouvelles* sur les recherches en cours et les théories émergentes ;

– lorsqu'il faut *synthétiser* la matière explicitée dans une variété de textes ;

---

6. Plusieurs publications de grande qualité ont été consacrées à l'exposé oral. Mentionnons, entre autres, celles de Bujold (1998) et de Chassé et Prégent (1990). Toutes ces publications expliquent la démarche à suivre pour préparer et donner un exposé magistral, ainsi que les écueils à éviter et les qualités d'un bon exposé. Notre intention n'est donc pas de redire ce qui a été si bien explicité mais d'examiner les manœuvres nécessaires découlant d'une centration sur l'apprentissage et les étudiants.

– lorsqu'il faut *adapter* la matière à une clientèle particulière ;
– pour donner des *pistes structurées* afin d'aider les étudiants à lire efficacement ;
– pour *motiver* les étudiants en les rendant conscients d'un problème et de points de vue opposés, en remettant en question des idées admises ;
– pour présenter un *modèle d'enthousiasme* et de curiosité ;
– pour présenter un *modèle* d'appréhension d'un sujet et de *réflexion.*

Il faut bien comprendre qu'adopter un enseignement stratégique ne signifie pas renoncer à l'exposé magistral mais l'utiliser à des fins précises, comme un modèle de traitement de l'information et de construction de connaissances et non comme une fin en soi. C'est pour l'enseignant une stratégie qui permet de partir de la zone de compréhension des étudiants pour les amener plus loin, sans qu'ils se perdent. Un exposé interactif s'inscrit dans une dynamique d'apprentissage. Le professeur demeure alors préoccupé du sens que l'étudiant donne aux informations apportées et de la manière de traiter ces informations. Avec le groupe, il revoit les éléments essentiels du cours, afin que tous les intègrent, et il confirme ainsi sa position de stratège, de modèle et de médiateur de l'apprentissage.

3. La recontextualisation dans le cours

La recontextualisation a comme mission première d'offrir à l'étudiant une occasion d'intégrer et de transférer les connaissances. Il s'agit de permettre qu'un concept, ou une démarche (analyse, interprétation), puisse être utilisé dans des contextes variés. La recontextualisation mobilise l'étudiant vers l'acquisition des compétences cibles, elles-mêmes à caractère transversal, c'est-à-dire qui s'appliquent d'un contenu à l'autre, d'une discipline à l'autre.

La période de recontextualisation sert à amener les étudiants à reconsidérer le contenu abordé durant le cours, mais cette fois dans une perspective d'expérimentation et de prise de décision qui correspond soit à un contexte de référence (l'enseignement au primaire ou le génie mécanique par exemple), soit à un contexte de complexification (en changeant certaines données, comment appliquer les connaissances transmises et traitées dans le cours ?). Quoi qu'il en soit, la recontextualisation demeure une période de travail où l'étudiant s'investit directement dans la construction d'un savoir auquel on associe une valeur d'utilité, d'où l'attrait pour les activités de type résolution de problème ou analyse de cas.

▶ **L'évaluation des apprentissages :
de la courbe de Gauss au domaine Critères**

• *On évalue selon la représentation qu'on se fait de la formation*

Les évaluations prévues dans un cours reflètent, autant que la planification du cours et l'intervention dans la classe, les convictions profondes du professeur : elles définissent une conception de l'apprentissage, une vision de l'éducation et une association à un paradigme. Si le professeur est convaincu que l'évaluation revêt une fonction d'élimination au profit d'une élite intellectuelle (qui répond à des critères restreints et subjectifs !), élimination basée sur la capacité de rétention des connaissances, il se centrera sans doute sur une évaluation exclusivement sommative et normative. L'erreur, le droit de reprise n'a pas de place dans ce cas. Dans un tel contexte, les examens à choix multiples sont considérés comme l'ultime outil d'évaluation et d'objectivation des capacités de l'étudiant. Seuls les étudiants qui disposent d'une bonne mémoire et qui savent retransmettre ce que le professeur a exposé seront rassurés sur leurs capacités intellectuelles. L'éthique ici est d'isoler et de valoriser les étudiants plus performants. C'est le modèle qui prévaut dans bien des cours dans l'enseignement supérieur. L'étudiant, conscient de cette culture, adaptera son comportement en conséquence.

Dans ce prolongement, Ramsden (1996) rappelle que les étudiants ajustent leur niveau d'apprentissage au type d'exigences véhiculées et de mesures d'évaluation. Lorsque le professeur privilégie des évaluations portant essentiellement sur des faits isolés à mémoriser, les étudiants se contentent d'étudier « en surface » pour l'examen. Au contraire, quand on leur propose des défis de type recherche, projet et rapport d'étude qui les amènent à analyser, à établir des liens, à faire des synthèses et des réflexions, en plus de mémoriser des faits, ils plongent plus profondément dans la matière ; ils étudient plus « en profondeur » et parviennent à vraiment intégrer les connaissances jusqu'à opérer des transferts dans des domaines différents, pour peu qu'on leur en donne l'occasion. Ainsi, lorsqu'on évalue les étudiants en comparaison avec leurs collègues (courbe normale), ils affichent des comportements compétitifs en se souciant plus ou moins de la qualité de leur propre apprentissage.

Depuis quelques années, on s'intéresse de plus en plus à l'évaluation formatrice ou formative, parce qu'elle contribue à la formation des étudiants en les aidant à saisir les exigences de la tâche, compte tenu des compétences ou des objectifs cibles. Cette évaluation formative, à caractère critérié, informe l'étudiant des types d'exigences de la discipline, du travail à exécuter. Ainsi, ce n'est pas à l'étudiant, par un jeu de détective, de découvrir les critères de réussite, mais au professeur de les formuler et de les communiquer à l'avance aux étudiants et, en l'occurrence, dans le plan de cours. L'évaluation n'est donc pas, dans ce contexte, un jeu de chat et de souris, mais un projet commun vers un même but, soit le développement de compétences spécifiques. L'éthique ici porte sur la réussite du plus grand nombre. L'erreur est admise, elle constitue une étape vers l'apprentissage, et l'encadrement demeure une stratégie pédagogique. Ainsi, dans un contexte d'évaluation formative, les critères de réussite sont explicites, le droit de reprise est permis et la réussite est possible pour le plus grand nombre. C'est pourquoi il n'est pas rare de constater que les fiches de notation des professeurs qui favorisent cette politique d'action présentent une majorité de A, toutes les conditions ayant été mises à la disposition de l'étudiant pour y parvenir. L'évaluation formative repose donc sur une position très claire et explicite en faveur de la description des critères de réussite. Ces critères n'ont pas comme fonction d'assurer une évaluation objective, mais d'assurer une objectivation de l'évaluation. Nous présentons plus bas quelques exemples de propositions d'évaluation de critères proposés à l'étudiant pour orienter son travail.

• *Une variété de propositions d'évaluation*

Le recours à l'évaluation formative et critériée est le signe d'une pratique enseignante centrée sur l'apprentissage et sur l'étudiant, car elle implique des propositions évaluatives visant à favoriser le transfert des apprentissages. Le professeur qui se centre sur les étudiants va proposer différents types de travaux : individuels et de groupes ; examens et travaux d'analyse, de synthèse, d'application, de critique, des études de cas, des rapports d'observation, ou même, des récits réflexifs et des présentations animées en classe (micro-enseignement, exposés, etc.). Ce qui importe ici, c'est que ces évaluations, tant par leur caractère et leur pondération, soient légitimes au regard des compétences visées dans le cours. De la même façon, le choix d'un travail d'équipe ou d'un examen doit reposer sur un autre critère que celui de réduire la charge des corrections. Le travail en équipe, notamment, est indispensable dans la formation de bien des professionnels (enseignement, psychologie, droit, travail social, biologie, chimie, économie, etc.). Dans le même sens, la décision de la pondération des évaluations doit s'inscrire dans l'ensemble du projet de formation et témoigner de l'importance accordée à certaines compétences. Une évaluation formative et critériée a la caractéristique principale d'être explicite comme peuvent l'être les critères proposés. Voici un exemple de proposition d'évaluation. Elle comporte dans sa totalité quatre types d'évaluation, de pondérations différentes : la communication de l'état des travaux (25 %); la production d'une revue de littérature commentée (40 %); la présentation d'un résumé de lecture en classe (5 %); la production de résumés de lecture

(30 %). L'exemple qui suit ne concerne que la production des résumés de lecture.

Résumé de lecture (30 %)[7]

Dans la perspective d'élaboration d'une revue de littérature, produire trois résumés de lecture (article de fond, chapitre de livre, analyse critique substantielle), ce travail doit comporter : 1) un texte dans sa discipline ; 2) un texte dans une autre discipline artistique ; 3) un texte dans une autre discipline de référence (sciences humaines/sciences de la santé...).

Ces textes doivent être présentés et analysés en interrelation et le résumé doit contenir les aspects qui suivent :

1. Préciser son choix de textes.

2. Isoler les idées-force du texte et les mots clés du texte.

3. Identifier un passage, un extrait qui comporte une unité sémantique représentative des idées-force du texte.

4. Isoler les concepts migrateurs communs (un concept qui établit des ponts entre deux disciplines). Par exemple : les concepts d'énergie, de performance, de lieux réfèrent à des réalités différentes selon les disciplines artistiques tout en offrant des lieux communs, des outils d'avancement, de compréhension de sa pratique.

5. Identifier les méthodes ou procédures utilisées par l'auteur du texte, pour recueillir l'information ou les données de base à sa recherche/création.

6. Préciser de quelle manière ce texte fait évoluer la question de recherche.

7. Appliquer les règles méthodologiques présentées au cours.

Le document doit être dactylographié et ne pas dépasser neuf pages (soit trois pages par résumé) et devra être rédigé dans une forme de communication de recherche. Il doit aussi se conformer aux règles de l'orthographe d'usage (perte allant jusqu'à 5 % du travail) et aux exigences méthodologiques telles que présentées au cours. Les textes doivent être remis en deux copies. Nous vous proposons de présenter un premier résumé avant la date finale pour recevoir une évaluation formative. Date de remise pour tous les étudiants au plus tard le 20 octobre 1999.

Il est possible de faire de l'évaluation critériée, non seulement en indiquant des critères précis pour les travaux, mais en offrant à l'étudiant une sorte de contrat personnalisé selon ses intérêts et sa disponibilité. Dans ce type de contrat, les résultats tendent à exclure les notes extrêmes

---

7. Tous les travaux doivent être soumis en deux exemplaires. Les critères d'évaluation seront remis à l'avance.

(A+ ou D), car plusieurs critères sont pris en considération. L'engagement personnel de l'étudiant l'amène à prendre en main ses responsabilités alors que l'enseignant y reconnaît que tout le monde n'a pas nécessairement l'intention de s'investir pareillement. Voici un exemple partiel d'un contrat d'évaluation [8] :

• Pour obtenir un A, il faut :

1. *Être présent à tous les cours* (une seule absence motivée sera acceptée) et effectuer la lecture coopérative choisie au préalable dans le cahier de textes du cours.

2. *Réaliser un journal de pratique* contenant une réflexion suivie présentant son évolution et ses prises de conscience réalisées au fil des semaines de cours. Votre dossier doit contenir : un lien avec la rencontre précédente (vos objectifs) ; ce que vous avez appris à chacun des cours (concepts, notions, sur vous-même, sur l'enseignement, etc.) au regard des lectures proposées et de votre prestation lors des micro-enseignements, à titre d'observateur ou d'enseignant ; les liens que vous faites avec vos connaissances antérieures ; les questions que vous vous posez encore ; les moyens que vous vous donnez et les références vers lesquelles vous vous dirigez pour répondre à vos questions (vos objectifs de la semaine). Le portfolio doit être remis chaque semaine (feuilles mobiles) et vous recevrez une évaluation informative et formative.

3. *Réaliser deux micro-enseignements* : Selon la qualité de la participation au micro-enseignement et au travail en équipe, du niveau de réflexion et la qualité de l'exposé, le A pourra être + ou -.

4. *Réaliser un portfolio* : Ce document comprend une synthèse des événements significatifs survenus au cours de la session (2-3 pages).

• Pour obtenir un B (+ ou – selon la qualité), il faut :

1. *Être présent à l'ensemble des cours* (maximum de deux absences acceptées si motivées) et effectuer la lecture coopérative choisie au préalable dans le cahier de textes du cours.

2. *Réaliser un journal de pratique* contenant une réflexion suivie qui représente son évolution et ses prises de conscience réalisées au fil des semaines de cours. Il doit être présenté au moins trois fois au cours de la session pour fin d'évaluation formative et contenir les informations suivantes : un lien avec les rencontres précédentes (vos objectifs) ; les liens avec vos connaissances antérieures ; les questions que vous vous posez encore.

3. *Réaliser un micro-enseignement*
Selon la qualité de la participation (rôles joués au micro-enseignement, retour sur les textes), le niveau de réflexion, la pertinence des

---

8. Évaluation proposée pour le cours EDU7491, *La communication dans l'enseignement*.

liens que vous établissez avec les lectures et la qualité de l'exposé, le B pourra être + ou –.

• *Le fardeau des corrections*

Pour plusieurs professeurs, la correction des examens et des travaux représente un véritable fardeau. Tant d'heures et de jours passés à parcourir des copies en se demandant si cet effort vaut la peine (même au mitan du trimestre) et en connaissant trop bien la réponse quand il s'agit des corrections de fin de trimestre, alors que les étudiants, partis en vacances, ne reverront sans doute pas les remarques pertinentes péniblement apposées en marge de leur prose ! Quand les groupes sont de petite taille, le professeur peut assumer une tâche plus lourde de corrections et d'encadrement, l'étudiant ayant droit de reprise. Dans ces cas, certains professeurs prennent le temps de faire de l'évaluation formative en revoyant les mêmes travaux, en plusieurs étapes, durant le trimestre, par exemple. Cependant, la taille des groupes est de plus en plus grande au fil des années et plusieurs professeurs soupirent d'aise lorsqu'ils peuvent profiter d'un assistant assigné aux corrections, alors que d'autres diminuent le nombre de tests ou de travaux, tout en augmentant la proportion des travaux d'équipe, ou reformulent à la baisse les exigences reliées aux travaux (longueur, variété). Certains, quand ils le peuvent, optent carrément pour les examens objectifs informatisés. Dans un cas comme dans l'autre, il y a problème entre qualité, quantité et fardeau des corrections qu'il faut alléger, mais comment ?

L'approche critériée apporte une aide précieuse dans ce cas. Il s'agit pour le professeur d'affiner le plus possible les critères d'évaluation et d'inscrire ces critères sur une même fiche, avec une échelle numérique et descriptive. Lorsque vient le moment d'évaluer un travail, le professeur n'a qu'à cocher l'indicateur de réussite. Cette fiche peut être fournie, au besoin, à l'assistant assigné, avec le professeur, aux corrections. Vous trouverez un exemple d'une fiche critériée[9] p. 113.

▶ L'encadrement des étudiants

Parler d'encadrement, c'est parler d'accompagnement. Encadrer les étudiants signifie les accompagner durant toute leur démarche d'étude. Accompagner ne veut pas dire être devant à tirer, ni derrière à pousser,

---

9. Tiré du cours de doctorat Séminaire de recherche et de création : Communication de l'état de ses travaux (25 %).

mais bien être à côté en gardant l'œil sur ce qui vient, puisque nous connaissons le parcours de l'apprentissage et ses embûches, et pouvons souligner le chemin parcouru. L'encadrement relève de plusieurs paliers d'expertises dans un établissement d'enseignement (aides pédagogiques, conseillers, moniteurs[10], etc.) mais il s'effectue principalement par le titulaire du cours qui se trouve en première ligne pour détecter les problèmes. On a déjà publié sur cette question (Langevin et Villeneuve, 1997) et notre intention n'est pas de répéter ici ce qui a été analysé dans ces recherches, mais d'examiner sur quelles bases et comment l'encadrement concerne le professeur de l'enseignement supérieur.

Descripteurs	Éléments présentés clairement /5	Éléments de façon implicite ou ambiguë /3	Éléments non présentés /0
1. Le but de l'étude : on précise ce que l'on cherche à comprendre Le type de recherche : descriptive, exploratoire, intervention, etc. Les problèmes à la source de cette étude			
2. On précise la question de recherche : – on souligne les mots clés – on présente les sous-questions Les concepts clés sont définis et mis en relation avec la question de départ			
3. On présente l'orientation théorique de la recherche (les domaines de référence), son appartenance à un modèle théorique. On précise la cohérence interne du projet et de l'objet d'étude On précise son potentiel de découverte			
4. On présente la méthodologie de recherche : le public cible ; les sources d'information ; les instruments de cueillette de données ; les outils d'analyse			
5. On précise les limites de l'étude On revient à sa question de départ pour effectuer une synthèse On répond aux questions de l'auditoire en clarifiant			
6.Les stratégies de communication favorisent l'interaction avec l'auditoire et la compréhension du propos (présentation visuelle des transparents, extraits vidéographiés ou sonores)			

10. Voir à ce sujet Bruneau, *Le monitorat*, 1996.

Les étudiants ont besoin de professeurs qui ont foi en eux, qui les aident à développer des compétences et à gagner en confiance. Le professeur ne leur cache pas qu'apprendre est difficile car cela demande de changer, changer ses représentations, ses croyances et parfois ses convictions, d'accepter un inconfort passager avant d'atteindre un nouveau seuil d'équilibre, de s'astreindre à des efforts constants et souvent pénibles. Le professeur se trouve en bonne position, pour peu qu'il fasse de l'enseignement interactif, de la collecte de rétroaction et de l'évaluation formative, pour dépister rapidement les étudiants en difficulté soit par manque de confiance, de méthode, de gestion ou d'engagement. Cependant, son accompagnement se fait d'abord dans ses cours dans lesquels il varie ses stratégies pour différencier son enseignement et mieux répondre aux besoins différents. L'encadrement peut prendre diverses formes, allant du contact informel aux rencontres individuelles, en passant par le journal de bord, ou en dirigeant l'étudiant vers un service de soutien. Ces rencontres individuelles ou auprès des groupes servent un triple but : briser la glace et abolir la trop grande distance ; soutenir la démarche d'apprentissage ; régler des problèmes ponctuels ou récurrents.

Au cours de ces rencontres, le professeur doit parfois confronter l'étudiant en le mettant face à la réalité, ou bien il doit stimuler sa motivation, ou encore, il doit le mettre au pied du mur en lui faisant redresser sa trajectoire. Souvent, il s'agit pour le professeur de simplement écouter (ce qui parfois doit s'apprendre) et de rediriger vers des ressources internes ou externes. L'essentiel dans ces rencontres, c'est que l'étudiant se sente accueilli, qu'il se rende compte que le professeur s'intéresse à lui et qu'il est prêt à l'aider.

▶ Recevoir du feedback des étudiants

Bien des professeurs se demandent si leurs étudiants ont compris leurs exposés, sont satisfaits du cours, y sont motivés, apprécient leur enseignement, se sentent bien dans le groupe, etc. Pourquoi ne pas le leur demander ? La recherche du feedback ou de la rétroaction des étudiants se fait en trois étapes selon Huba et Freed (2000) :

1. Décider de ce qu'on veut savoir et accepter à l'avance d'apporter des changements, le cas échéant.

2. Choisir des moyens pour recueillir cette rétroaction et fixer des moments pour cette collecte.

3. Être prêt à examiner les réponses et à apporter rapidement des modifications s'il y a lieu.

Voici des exemples de moyens simples pour recueillir de la rétroaction des étudiants (Huba et Freed, 2000).

• *Le questionnaire-minute* (qui peut se faire par courrier électronique au moyen de la liste d'envois du groupe-classe). Il comprend une à trois questions distribuées à tous les étudiants en fin de cours sur ce qu'ils ont appris de plus important dans ce cours, les questions non élucidées, l'appréciation de la présentation des thèmes abordés. Les réponses informent le professeur sur l'apprentissage réalisé ou non.

• *La question centrée* vise à savoir ce qui a été le moins bien compris par la majorité des membres du groupe durant le cours qui se termine. Tous les étudiants écrivent leurs réponses sur des fiches que le professeur analyse afin d'ajuster la suite de son enseignement.

• *La phrase-résumé* permet de vérifier la capacité des étudiants de se centrer sur les éléments importants du cours. En fin de cours, les étudiants doivent écrire en une seule phrase l'essentiel de ce qui a été vu ce jour-là.

• *L'article de journal* en un mot vise à vérifier la capacité des étudiants à détecter les mots clés d'un contenu de cours ou de texte et d'en justifier le choix.

• *La fiche de concrétisation* a pour objectif de pousser les étudiants à faire des liens entre un concept vu en cours et des applications concrètes. À la fin du cours, le professeur choisit un concept, un principe, une théorie ou une procédure, et il demande à tous d'écrire en quelques minutes, sur une fiche, pas plus de trois applications concrètes. Lors du cours suivant, les meilleures idées sont présentées au groupe.

• *La fiche « Voir les deux côtés de la médaille »* vise à améliorer le cours et l'apprentissage des étudiants. Voici un exemple de cette fiche :

Points positifs	Points à améliorer
Professeur et cours Il est resté centré sur les objectifs Le cours est intéressant et le temps passe vite Les échanges en sous-groupe sont utiles	*Professeur et cours* Un étudiant est trop « haut-parleur » Nous n'avons pas eu le temps de compléter les activités prévues La vidéo était superflue
L'étudiant J'avais lu le texte prévu J'ai été très attentive au cours	*L'étudiant* Je devrais participer davantage aux échanges Je n'étudie pas assez Ça parle trop dans le groupe et ça dérange

• *Le questionnaire de mise au point* vise à impliquer les étudiants dans l'amélioration de leur apprentissage. Durant les dernières minutes de cours, les étudiants doivent compléter des phrases comme celles-ci :

– l'élément central du cours d'aujourd'hui était…

– un bon exemple de l'application de cet élément est…

– je crois que l'idée principale de l'exposé d'aujourd'hui se rapproche le plus des idées, des gens, des endroits, des événement, ou des choses… suivants…

– ce que je ne saisis pas très bien, c'est…

Toutes ces variations dans la recherche de la rétroaction étudiante comportent plusieurs avantages dont celui de former l'étudiant à rétroagir, à partir de comportements et de procédés, et non de personnalités, et à faire le point sur sa compréhension. Pour le professeur, la rétroaction lui permet d'améliorer son enseignement, de garder l'œil sur l'évolution de ses étudiants et d'établir un dialogue avec eux.

• *Comment interpréter la rétroaction des étudiants ?*

Les étudiants ont-ils toujours tort ou toujours raison dans les critiques qu'ils formulent sur les professeurs et les cours ? La vérité se situe sans doute entre les deux, peut-être même qu'elle penche un peu vers la justesse de ces points de vue, de la part de partenaires impliqués dans une aventure commune. Malgré cela, il faut à l'enseignant une bonne dose de confiance pour ainsi faire appel aux points de vue des étudiants qui ne lui disent pas toujours ce qu'il aimerait entendre. Mais c'est justement cette confiance qui va lui permettre de tirer profit des remarques reçues et d'améliorer son enseignement. Il s'agit de voir la situation selon le point de vue des étudiants sans réagir de façon défensive, en acceptant la responsabilité de ses actes et en examinant ce qui est écrit pour trouver les aspects récurrents afin d'en tirer des leçons, sans pour autant s'autoflageller (Huba et Freed, 2000, p. 145).

Les remarques des étudiants peuvent être regroupées en trois catégories : ce qui peut être changé immédiatement, durant le cours qui se déroule ; ce qui peut attendre la prochaine version du cours ; ce qui ne peut être changé pour des raisons pédagogiques, philosophiques ou morales. Ce premier tri va permettre à l'enseignant de voir plus clair dans ce qu'il va entreprendre, de modifier dans l'immédiat ce qui ne demande que de légers ajustements, et de trouver si nécessaire des ressources susceptibles de l'aider dans son processus de changement.

▶ Conclusion

L'enseignement d'un cours requiert bien des démarches allant de l'élaboration du plan au choix des méthodes pédagogiques et évaluatives, jusqu'à l'encadrement des étudiants et à la collecte de leur rétroaction. Se centrer sur l'apprentissage et les étudiants implique, pour le professeur, de prendre de nombreuses décisions, de réfléchir longuement et fréquemment pour ajuster son action et pour vraiment suivre la progression de ses étudiants. Il ne s'agit donc pas d'un discours à sens unique ni d'un spectacle face au public. C'est un scénario dans lequel il faut compter avec les partenaires qui ont leur mot à dire. Ce n'est qu'à ce prix que les objectifs seront atteints.

Conclusion

● ●

> *Les choses ne sont pas connues parce*
> *qu'elles sont utiles, elles sont utiles*
> *parce qu'elles sont connues...*
>
> *Lévi-Strauss*

▶ Élaborer des stratégies de changement

La phrase que nous avons placée en exergue à notre conclusion fait réaliser que c'est en investissant le terrain inconnu qu'on en découvre les merveilles. Ce n'est donc pas en se cantonnant dans des habitudes de tradition que les professeurs vont découvrir les défis et le plaisir d'un enseignement centré sur l'apprentissage. C'est au contraire en osant revoir leurs représentations qu'ils vont mesurer toute l'utilité et les avantages du virage pédagogique.

Nous avons tenté, en traversant chacun des chapitres de ce livre, de mettre en perspective notre réalité de formateurs en milieu universitaire. Le chapitre premier a notamment mis l'accent sur la nécessité de changer de paradigme et de s'inspirer pour le faire de conceptions de l'apprentissage et de l'enseignement, et de théories de référence en appui à ces conceptions. Le deuxième chapitre s'est particulièrement intéressé à l'étudiant comme apprenant, avec ses besoins, ses intérêts et ses attentes à l'égard de la formation universitaire. Au troisième chapitre, c'est sur l'enseignant que nous nous sommes attardés pour en saisir le rôle et les fonctions avec ses ambivalences et ses paradoxes. Le quatrième chapitre se proposait de mettre en perspective cette réflexion sur la pédagogie universitaire, en la contextualisant dans des propositions concrètes d'actions de planification, d'intervention en classe, d'évaluation des apprentissages et d'encadrement des étudiants.

Pourtant, tout en sachant que ces propositions ne transformeront les pratiques que de ceux qui ressentent déjà le besoin de changer, ou qui ont intuitivement amorcé un processus de transformation de leur pratique, nous croyons nécessaire, en nous appuyant sur notre expérience de formateur en pédagogie universitaire, de proposer une démarche de changement qui comporte, selon la proposition de Develay (1999), trois options :

1. Agir sur nos représentations de l'apprentissage et de l'enseignement pour changer nos pratiques.

2. Agir sur nos pratiques pour changer nos représentations.

3. Se référer à d'autres théories pour modifier nos pratiques et nos représentations.

• *Agir sur nos représentations*

Depuis quelques années l'UQAM a mis sur pied un service d'aide et de soutien à l'enseignement. Les activités se résument, pour le moment, à des ateliers de formation d'une journée offerts aux professeurs et aux chargés d'enseignement et donnés en majorité par des professeurs de l'UQAM. Plusieurs thèmes sont abordés dont le changement de paradigme, le travail en équipe, l'approche par problèmes. Faisant partie des animateurs de ces ateliers, nous avons eu l'occasion de constater l'importance des représentations dans un processus de changement. En fait, lorsqu'on demande aux participants de nommer ce qu'ils conservent de cette formation sur mesure, l'importance des représentations revient au premier chef.

Nous accordons ici au terme de *représentation* le sens que lui donne Develay (1996), à savoir la *manière dont un individu donné, à un moment donné, face à une situation donnée, mobilise ses connaissances antérieures...* Ainsi, on peut penser que la représentation que l'on se fait du professeur, de l'étudiant ou de l'apprentissage influence les façons d'enseigner, d'évaluer et d'encadrer ou non les étudiants.

Un prof d'université c'est....

Un sondage récent, mené auprès des professeurs de notre université [1], a permis de retracer ces représentations du prof :
• d'abord un chercheur ;
• il fait avancer la connaissance par la recherche, qui se tient à jour et développe de nouvelles connaissances ;
• un savant, une sommité dans sa discipline, un spécialiste dans un domaine, un mentor, un chercheur qui donne la passion de la recherche ;
• il est capable de susciter la curiosité, la rigueur et le goût de la recherche ;
• il encourage les étudiants à expérimenter, à faire preuve tout autant d'imagination que de rigueur, quel que soit le champ d'étude ;
• un catalyseur pour accroître la curiosité intellectuelle de l'étudiant, un modèle, un individu branché sur la réalité sociale d'aujourd'hui.

La catégorie de réponses la plus importante concerne la transmission par le professeur des connaissances, mais plus encore de ses propres

---

1. Sondage mené à l'occasion de l'animation d'un atelier pédagogique portant sur le changement de paradigme et auquel participaient une vingtaine de professeurs de l'UQAM de différents départements.

connaissances et de son expertise sur un sujet donné, les résultats de ses recherches, les concepts et les méthodes qui aideront l'étudiant à percevoir le monde sous un angle nouveau et à développer un style intellectuel propre, et enfin, la transmission de sa passion.

En somme, selon ces enseignants, un professeur d'université est essentiellement *un chercheur qui transmet ses connaissances et sa passion sur un sujet donné.* Cette représentation du professeur d'université semble compatible avec une conception de l'apprentissage qui ne se situe pas nécessairement dans un changement de paradigme vers l'apprenant, vers l'apprentissage.

Un étudiant c'est...

Lors des ateliers de formation, en faisant l'exercice d'énonciation de ce qu'est un étudiant, nous étions à même de constater collectivement nos ambivalences. Ainsi, s'il s'avérait évident que tout en considérant l'étudiant comme une personne qui prépare son insertion sociale et professionnelle, ou un individu en voie d'humanisation (réponse fréquente), il ressortait aussi l'image du consommateur de cours, qui veut la réponse sans chercher à comprendre, qui veut des « A » comme note de passage. Derrière cette ambivalence ressortait du malaise, de la colère, parfois de la peur. On a l'enfant-roi, maintenant on parle de « l'étudiant-roi » ont déploré certains professeurs.

En travaillant sur les représentations sociales, on se rend compte que tout en donnant le même cours, parfois on ne travaille pas à partir de la même base et on réalise que ce n'est pas le plan de cours qui va faire la différence. Il faut pouvoir reconnaître les fondements de son action pour comprendre la nature et l'impact de ses choix sur l'apprentissage et sur la façon qu'a l'étudiant d'appréhender l'apprentissage et l'évaluation de cet apprentissage.

Il importe de se rappeler le lien qui nous lie à notre fonction de formateur et celui qui se tisse entre nos représentations et nos pratiques pédagogiques, et il faut savoir que ces liens peuvent nuire à l'apprentissage selon qu'ils filtrent la compréhension de la réalité (par exemple, comprendre que l'étudiant ne travaille pas plutôt que d'y voir un obstacle de départ qui se situerait au niveau de sa représentation du concept, de la démarche ou de la discipline même). Il importe donc d'aller chercher les représentations des étudiants pour tracer *l'état des lieux* (Astolfi, 1992), pour saisir l'écart qui sépare notre projet de formation de celui de l'étudiant et éviter ainsi de s'acharner inutilement ou de pédaler à vide.

Des phrases à compléter sur ce qu'est un professeur, un étudiant ou l'apprentissage, identiques à celles que nous avons soumises à des étudiants (voir le chapitre 2) et ainsi que l'ont fait avant nous d'autres chercheurs dont Tozzi (1997), peuvent aussi être adressées à des collègues dans un groupe de travail, par exemple, ou lors de l'amorce d'un changement de programme. Les dessins proposés avec des bulles pour capter le discours d'un professeur ou d'un étudiant en classe permettent aussi de saisir de façon formelle les représentations spontanées. Des associations de mots déclenchées par les termes précités révèlent également des conceptions et des mises en relation révélatrices. Toutes ces activités laissent libre cours à l'expression des représentations et font entrouvrir des perspectives de travail sur celles-ci.

Pourquoi travailler les représentations ?

De nombreuses recherches ont démontré l'importance de ce travail préalable à tout changement, puisque les représentations sont à la fois des supports et les moteurs de l'action et de la communication (Charlier, 1989, p. 45). On sait, grâce aux travaux sur le sujet, que les étudiants disposent souvent d'une représentation qu'ils se sont construite d'un concept avant même son enseignement et que ces représentations très résistantes à l'enseignement, peuvent faire obstacle à l'apprentissage (Astolfi, 1995). En conséquence, étudier les représentations, c'est s'interroger sur un mode de connaissances, c'est poser des problèmes relatifs aux rapports de l'individu à la connaissance et au réel (Charlier, 1989, p.45). Soulignons que la représentation induit le concept de transposition didactique impliquant de passer du savoir savant au savoir à enseigner (Develay, 1994). C'est ainsi que le mode de formation universitaire s'appuie sur une tradition du savoir et une représentation de la formation qui induit un modèle de pratiques pédagogiques et sociales. Agir sur notre représentation de l'apprentissage et de l'enseignement peut faire évoluer nos pratiques, ces dernières s'inscrivant dans un autre modèle théorique et idéologique.

• *Agir sur nos pratiques*

Revoir notre pratique de planification de cours ou de cheminement de formation, à partir d'un nouvel outil de réflexion comme l'arbre de concepts, par exemple (voir au chapitre 4), permet d'amorcer des discussions de fond sur l'ensemble du profil visé dans le cours et de nommer des concepts et des démarches qui ne sont souvent qu'implicites et non reliés à une pensée commune.

Mise à l'essai dans notre département, cette pratique a modifié notre conception de l'enseignement et de l'apprentissage qui s'est manifestée par des besoins nouveaux, dont une formation sur les compétences et les représentations afin d'affiner les liens théorie/pratique et la dimension du transfert des apprentissages. Les étudiants ont beaucoup apprécié de recevoir ce document, ce qui a créé entre les deux parties un lien de responsabilité.

• *Se référer à des théories phares*

Les courants constructivistes, cognitivistes et socio-constructivistes ont élaboré des théories phares qui peuvent guider nos pratiques et modifier notre représentation de l'apprentissage. Les concepts de représentations, de rupture, de zone proximale, de mémoire de travail, de surcharge cognitive ou de transfert, influencent nos pratiques et nos actions quotidiennes tout en agissant sur notre représentation du rôle de professeur et de ce que veut dire apprendre. En somme, ces théories induisent une nouvelle vision éducative.

▶ Professeur dans l'enseignement supérieur : un nouveau rôle

De conférencier qu'il était, le professeur devient :

• Un praticien réflexif qui forme l'étudiant à le devenir.

• Un enseignant qui renonce à surcharger son cours de contenus disciplinaires.

• Un accompagnateur qui laisse une place de choix pour l'expérimentation, le travail clinique, la résolution de problèmes, la réflexion et la décision.

• Un expert de la discipline et des stratégies pédagogiques favorables pour aider l'étudiant à intégrer et à transférer les connaissances et les compétences et à développer des stratégies d'autoformation par la métacognition.

• Un stratège qui maintient un équilibre entre l'intervention directe, individualisée et différenciée, et la distance à maintenir pour que l'étudiant développe une posture d'auto-observation, d'auto-analyse, de remise en question, d'expérimentation.

• Un humain qui a droit à l'erreur et qui peut l'utiliser pour enseigner (Astolfi, 1997) et apprendre, et qui n'est pas une machine infaillible (Perrenoud, 1998).

Il s'agit, dans ce nouveau rôle, de construire du sens : le sens du travail et de la formation à l'université, le sens du deuil des certitudes pour vivre bien dans la complexité, sans la nostalgie du temps où tout était blanc ou noir.

Bibliographie

●●●●●●●●●●●●●●●●●●●●●●●●●●

ASTOLFI J-P. « Travailler non seulement les notions clés, mais aussi les nœuds de difficulté d'une discipline », *Vie pédagogique*, n° 93, mars-avril, 1995, p. 7-9.

ASTOLFI J.-P., *L'erreur, un outil pour enseigner,* Paris, ESF éditeur, 1997.

ASTOLFI J-P. ET LAURENT S., « Le transfert, enjeu des apprentissages », Zakhartchouk J.M., *Dossier Apprendre (4) Cahiers pédagogiques*, France, n° 304-305, 1992.

AYLWIN U., *Le petit guide pédagogique*, Montréal, Association québécoise de pédagogie collégiale, 1994.

BAIOCCO S.A., DE WATERS J.N., *Successful College Teaching*, Boston, Allyn and Bacon, 1998.

BARBEAU D., MONTINI A., ROY C., *Tracer les chemins de la connaissance*, Montréal, Association québécoise de pédagogie collégiale.

BERENDT B., « La formation des enseignants du supérieur à la didactique », *Recherche et Formation*, n° 15, 1994, p.91-99.

BERTRAND D., BUSUGATSALA G.G., *L'université québécoise du troisième type*, Sainte-Foy, Université du Québec, groupe de recherche sur l'enseignement supérieur, 1995.

BIREAUD A., *Les méthodes pédagogiques dans l'enseignement supérieur,* Paris, Éditions d'Organisation, 1990.

BRITH-BARTH M., *Le savoir en construction*, Paris, Retz, 1993.

BROWN G., ATKINS M., *Effective Teaching in Higher Education*, New York, Methuen, 1988.

BRUNEAU M., « L'évaluation des apprentissages : Recherche de solutions pratiques à une réalité pédagogique », *Journal CAHPERD*, vol. 61, n° 4, 1995.

BRUNEAU M., *Le monitorat : une initiative étudiante d'avenir,* Rapport d'étude. Décanat des études de premier cycle, Montréal, UQAM.

BRUNEAU M., *Rapport d'évaluation du programme de tutorat au département d'Histoire de l'art*, Montréal, UQAM, Département de danse, 1995.

BRUNEAU M., GRENIER M., *Rapport de démotivation et d'abandon des étudiants inscrits au département de danse*, Montréal, UQAM, 1990.

BUJOLD N., *L'exposé oral en enseignement*, Sainte-Foy, Presses de l'Université du Québec, 1997.

CHASSÉ D., PRÉGENT R., *Préparer et donner un exposé*, Montréal, Éditions de l'École Polytechnique de Montréal, 1990.

Conseil supérieur de l'éducation, *Des conditions de réussite au collégial. Réflexion à partir de points de vue étudiants*, Québec, MEQ, 1995.

123

Conseil supérieur de l'éducation, *Réactualiser la mission universitaire*, Québec, MEQ, 1995.

DEVELAY M., *Peut-on former des enseignants ?*, Paris, ESF éditeur, 1996.

DEVELAY M., *De l'apprentissage à l'enseignement*, Paris, ESF éditeur, 1991.

CRESPO M., HOULE R., *La persévérance aux études dans les programmes de premier cycle à l'Université de Montréal*, Université de Montréal, Faculté des Sciences de l'éducation, 1995.

De LANSHEERE G., DELCHAMBRE A., *Les comportements non verbaux de l'enseignant. T. 2 : Comment les maîtres enseignent,* Paris, Fernand Nathan, 1979.

DONNAY J., ROMAINVILLE M. (dir.), *Enseigner à l'université. Un métier qui s'apprend ?* Bruxelles, De Boeck Université, 1996.

ENTWISTLE N.J., TAIT H., *Approaches to studying and preferences for teaching in higher education : implications for student ratings.* Paper presented at the Annual Meeting of the American Educational Research Association, Atlanta, avril 1993, 12 p.

Fédération des CÉGEPS. *La réussite et la diplomation au collégial. Des chiffres et des engagements*, Montréal, Fédération des CÉGEPS, 1999.

FRENAY M., NOËL B., PARMENTIER P., ROMAINVILLE M., *L'étudiant-apprenant. Grille de lecture pour l'enseignant universitaire*, Bruxelles, DeBoeck et Larcier, 1998.

GALL M., RHODY T., « Review of research on questioning techniques », *in* W. Wilen (éd.). *Questions, Questioning techniques, and Effective Teaching*, Washington DC, NEA, 1987.

GARDNER J., BAREFOOT B., Conférence sur le *First Year Experience Movement*, Toronto, 1995.

GOOD T.L., BROPHY J.E., *Looking in the classroom*, New York, Harper & Row, 4e édition, 1987.

HADJI C., *L'évaluation démystifiée*, Paris, ESF éditeur, coll.« Pratiques et enjeux pédagogiques », 1997.

HAMZA K., NASH W.R., *Creating and Fostering a Learning Environment That Promotes Creative Thinking and Problem Solving Skills,* ED406435, Texas, 1996.

HOWDEN J., KOPIEC M., *Ajouter aux compétences. Enseigner, coopérer et apprendre au postsecondaire*, Montréal, Chenelière-McGrawHill, 2000.

HUBA M.E., FREED J.A., *Learner-Centered Assessment on College Campuses. Shifting the Focus from Teaching to Learning*, Boston, Allyn and Bacon, 2000.

JOHNSON D.W., JOHNSON R.T., SMITH K.A., *Active Learning : Cooperation in the College Classroom*, Edina, Interaction Book Company, 1991.

KARABENICK S.A., *Help Seeking in College Classrooms : The Role of Perceived Teacher Support and Teacher Effectiveness in the Student Questioning Process.* Paper presented at the Annual Meeting of the American Educational Research Association, San Francisco, CA, avril 1992, p. 20-24.

KUBANEK A.-M., WALLER M., « Une question de relation », *Pédagogie collégiale*, vol.8, n° 4, mai 1995.

LANGEVIN L., VILLENEUVE L. (dir.), *L'encadrement des étudiants. Un défi du XXIᵉ siècle,* Montréal, Éditions Logiques, 1997.

LANGEVIN L., *Pour une intégration réussie aux études postsecondaires,* Montréal, Éditions Logiques, 1996.

LANGEVIN L., « Le questionnement comme stratégie d'enseignement et d'apprentissage », *Pédagogie collégiale,* vol. 4, n° 1, septembre 1990, p.12-13.

LANGEVIN L., BRUNEAU M., THÉRIAULT M., « Représentations d'étudiants sur l'apprentissage et les aides reçues dans le cadre des cours au premier cycle de l'université », Actes du 16ᵉ colloque international de l'AIPU, *Apprendre et enseigner autrement.* Écoles des Hautes Études Commerciales, Université de Montréal, mai 1999, p. 430-443.

LANGEVIN L., *Pratiques et relation éducatives au CÉGEP : un couple inséparable pour aider les étudiants à réussir.* Conférence inédite préparée pour le CÉGEP Marie-Victorin, janvier 1998.

LECLERCQ D. (dir.), *Pour une pédagogie universitaire de qualité.* Hayen, Mardaga éditeur, 1998.

LEDUC P., « L'UQAM à la croisée des chemins : une réforme nécessaire », *Présentation à la communauté universitaire par la rectrice, madame Paule Leduc,* Montréal, UQAM, septembre 1996.

LIOW S.R. *et al.*, Course Design in Higher Education : A Study of Teaching Methods and Educational Objectives. *Studies-in-Higher-Education* : vol. 18 n° 1, 1993, 65-79.

LITKE R.A., « Learning lessons from students : what they like most and least about large classes », *Journal on Excellence in College Teaching*, vol. 6, n° 2, 1995, p. 113-29.

MC KEACHIE W.J., *Teaching Tips. A Guidebook for the Beginning College Teacher*, 8ᵉ édition, Lexington, Mass., D.C. Heath and Company.

MEIRIEU Ph., *Frankenstein pédagogue*, Paris, ESF éditeur, Coll. Pratiques et enjeux pédagogiques, n° 2, 1996.

MEIRIEU Ph., *La pédagogie : entre le dire et le faire,* Paris, ESF éditeur, 1995.

METCALFE D.H., MATHARU M., « Students' perception of good and bad teaching : Report of a critical incident study », *Medical Education*, mai 1995, vol. 29(3), p. 193-197.

NEGRON-MORALES P. *et al., Good practices in undergraduate education from the students' and faculty's view : consensus or disagreement.* Paper presented at the Annual Forum of the Association for Institutional research, 1996.

PERRENOUD Ph., « Ambiguïtés et paradoxes de la communication en classe. Toute interaction ne contribue pas à la régulation des apprentissages », *in* Weiss J. (dir), *L'évaluation : problème de communication*, Cousset, Delval-IRDP, 1991.

PERRENOUD Ph., « Différenciation de l'enseignement : résistances, deuils et paradoxes », *Cahiers pédagogiques*, n° 306, septembre, 1992, p. 49-55.

PERRENOUD Ph., «Vers des pratiques pédagogiques favorisant le transfert des acquis scolaires hors de l'école », *Pédagogie collégiale*, mars, vol. 10, n° 3, 1997, p. 5-16.

PERRENOUD Ph., *Construire des compétences dès l'école*, Paris, ESF éditeur, 1997.

REY B., *Les compétences transversales en question*, Paris, ESF éditeur, 1996.

RAMSDEN P., *Improving Learning*, London, Kogan Page, 1988.

RIVIÈRE B., SAUVÉ L., JACQUES J., « Les cégépiens et leurs conceptions de la réussite », *Pédagogie collégiale*, déc. 1998.

ROMAINVILLE M., *Savoir parler de ses méthodes*, Bruxelles, De Boeck Université, 1993.

SCHLOSSBERG N., LYNCH A., CHICKERING A., *Improving Higher Education Environments for Adults*, San Francisco, Jossey-Bass, 1989.

ST-ONGE M., *Moi j'enseigne, mais eux apprennent-ils ?*, Montréal, Édition Beauchemin, Chronique sociale, 1993.

ST-ONGE M., « Suffit-il de permettre aux élèves de s'exprimer pour qu'ils le fassent ? », *Pédagogie collégiale*, vol. 3, n° 3, février 1990, p. 11.

TAGG J. et BARR R.B. ,« From teaching to learning - A new paradigm for undergraduate education », *Change*, novembre-décembre, p.13-25, 1995.

TANG T.L.P., *Teaching Evaluation in the College of Business : Factors Related to the Overall Teaching Effectiveness*, Tennessee, ED374716, 1994.

TARDIF J., *Le transfert des apprentissages,* Montréal, Éditions Logiques, 1999.

TARDIF J., *Pour un enseignement stratégique : l'apport de la psychologie cognitive,* Montréal, Éditions Logiques, 1992.

TARDIF J. et MEIRIEU Ph., « Stratégies pour favoriser le transfert des apprentissages », *Vie pédagogique*, n° 98, mars-avril, 1996, p. 4-7.

TARDIF J., *Intégrer les nouvelles technologies. Quel cadre pédagogique ?*, Collection Pratiques et enjeux pédagogiques, Paris, ESF éditeur, n° 19, 1999.

VYGOTSKY L.S., « Le problème du développement mental et de l'enseignement à l'âge scolaire », Schneuwly B. et Bronckart J.-P. (dir.), *Vygotsky aujourd'hui*, Neufchâtel et Paris, Delachaux et Niestlé, 1985.

Achevé d'imprimer par   Corlet, Imprimeur, S.A.
14110 Condé-sur-Noireau (France)
N° d'Éditeur : 2704 ED 2504 - N° d'Imprimeur : 1155 - Dépôt légal : septembre 2000

Imprimé en U.E.